金融支持"一带一路"丛书

主权债券违约处置法律制度研究

李 皓 著

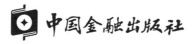

中国金融出版社

责任编辑：石　坚
责任校对：刘　明
责任印制：张也男

图书在版编目（CIP）数据

主权债券违约处置法律制度研究（Zhuquan Zhaiquan Weiyue Chuzhi
Falü Zhidu Yanjiu）/李皓著 . —北京：中国金融出版社，2017. 6
（金融支持"一带一路"丛书）
ISBN 978 - 7 - 5049 - 8915 - 4

Ⅰ. ①主…　Ⅱ. ①李…　Ⅲ. ①国债—证券法—研究—中国
Ⅳ. ①D922. 287. 4

中国版本图书馆 CIP 数据核字（2017）第 036857 号

出版
发行　　**中国金融出版社**
社址　北京市丰台区益泽路 2 号
市场开发部　（010）63266347，63805472，63439533（传真）
网 上 书 店　http://www.chinafph.com
　　　　　　（010）63286832，63365686（传真）
读者服务部　（010）66070833，62568380
邮编　100071
经销　新华书店
印刷　保利达印务有限公司
尺寸　169 毫米 × 239 毫米
印张　14. 25
字数　212 千
版次　2017 年 6 月第 1 版
印次　2017 年 6 月第 1 次印刷
定价　46. 00 元
ISBN 978 - 7 - 5049 - 8915 - 4
如出现印装错误本社负责调换　联系电话(010)63263947

摘　　要

　　世界各国政府普遍通过举借主权债务来筹集基础设施建设和社会公共服务等领域所需的大规模资金。主权债务包括主权债券和主权贷款两种类型，由于两者具有不同特点，因而它们在违约处置方面存在着较大差异。主权贷款的债权人数量有限且构成简单，其违约处置程序较为有序；而主权债券的债权人数量多、分布广、构成多元化且异质性强，这使主权债券违约处置的难度和复杂性更大。现阶段主权债券是主权债务的主要组成部分，主权债券违约后能否得到妥善处置不仅直接关系到主权债券市场的运行，而且也会影响到债券发行国及所在地区的金融稳定，但是现有研究较少涉及这一问题，有必要从法律层面对主权债券违约处置问题进行系统研究。

　　经过长期实践，主权债券市场已形成相对固定和明确的主权债券违约处置方式。主权债券重组、主权债券违约诉讼和主权债券违约的国际官方救助共同构成当前主权债券违约处置的主要方式，其中主权债券重组发挥着最重要的基础性作用，而主权债券违约诉讼和主权债券违约的国际官方救助则扮演辅助性角色。不过，由于主权债券违约处置领域的相关法律制度仍不完备，当发行主权债券的债务国出现违约时，上述违约处置方式有时并不能完全有效解决主权债券违约问题。首先，主权债券重组的合同约束方法尽管已被广泛应用于规范主权债券重组并取得良好的实际效果，但是合同约束方法同样也暴露出不足，特别是在欧洲主权债务危机爆发后这一问题更为凸显，提倡运用法律规制方法来规范主权债券重组的呼声增多。其次，诉讼对主权债券违约处置的影响日益增大，有时甚至会干扰主权债券重组的顺利进行。一直以来，债权人以诉讼方式主张债权会受到主权豁免制度的限制，但是近年来资金实力雄厚且具有高超诉讼技巧的秃鹫基金频繁对违约债务国发起诉讼攻击，这使主权债券违约诉讼的可行性逐步增加，主权债券违约诉讼案件的数量呈明显上升趋势。最后，以国际货币基金组织为代表的国际组织以及一些国家向违约债务国提供的国际官方救助，虽然在一定程度上促使了主权债券违约问题得到有效解决，但是对国际官方救助制度也存在着强烈的批评和质疑，认为国际官方救助制度本身存在自由裁量空间过大，缺乏独立性和一致性，容易使债务国和债权人滋生道德风险等缺陷。总之，目前主权债券违约处置法律制度还处于形成和发展的过程中，其中涉及很多法律问题值得深入研究，国际社会应继续着力构建更加完善系统的主权债券违约处置法律制度。

本书共由八章组成，按照提出问题—分析问题—解决问题的基本思路，将主权债券违约处置法律制度划分为若干具体分项问题逐一进行研究。

第 1 章是导论。导论部分建立了全书的框架，对本书选题背景和研究意义进行分析，阐述国内外学者对相关问题的研究成果，介绍本书的研究思路和研究方法，并对创新之处进行说明。

第 2 章是主权债券违约处置理论概述。本章梳理主权债券违约处置基础理论问题，对相关概念进行辨析，分析当前主权债券违约处置的主要方式，研究历史上曾采用，但现在由于各种原因不再使用或较少使用的主权债券违约非常规处置方式。本章为后续章节提供了理论依据，也为深入研究主权债券违约处置法律制度找好切入点，使下一步的研究工作具备有力的基础支撑。

第 3 章是主权债券重组的合同约束方法。目前主权债券发生违约后最重要的解决方式是由债务国与债权人协商进行主权债券重组，主权债券重组的合同约束方法现阶段已在实践中被广泛应用于规范主权债券重组。本章首先从总体上对主权债券重组的合同约束方法进行研究，随后对集体行动条款这一最重要的合同约束方法展开深入分析，接下来对 2012 年希腊主权债务重组以及 2000 年厄瓜多尔主权债券重组的实践进行研究，最后从法律角度提出完善主权债券重组合同约束方法的建议。

第 4 章是主权债券重组的法律规制方法。除了目前在实践中已经得到应用的合同约束方法，法律规制方法在理论上是调整规范主权债券重组的另外一种选择。尽管法律规制方法还未付诸实践，但是对法律规制方法的理论研究一直不断深入。特别是在欧洲主权债务危机爆发后，合同约束方法暴露出的问题再次引发关于合同约束方法和法律规制方法的讨论，国际社会开始检讨合同约束方法的不足，并重新审视运用法律规制方法规范主权债券重组的可能。本章对主权债券重组的法律规制方法进行研究，着重分析了在法律规制方法中占有重要地位的主权债务重组机制（SDRM），并对法律规制方法的最新发展趋势进行展望，最后从法律角度对如何运用法律规制方法处置主权债券重组提出建议。

第 5 章是主权债券违约诉讼制度。主权债券发生违约后，对于债权人而言通常有两种选择：一是与债务国协商进行主权债券重组，这意味着债务需要进行减免；二是向有管辖权的法院提起主权债券违约诉讼，要求债务国全额清偿债券本息。理论上债权人可以不接受重组而是依据主权债券合同的争议解决条款向债务国提起诉讼追索债权。但是由于主权国家无法像公司一样破产，并且对国家进行诉讼的难度大、专业性强，所以一直以来重组是多数债务人的优先选择，诉讼只是替代性的解决方式。自 20 世纪 80 年代起，主权债券违约诉讼案件的数量出现明显上升，对主权债券重组产生的影响日益增大。本章以主权债券违约诉讼为研究主题，研究了主权债券违约诉讼的可行性、法院判决的可执行性以及主权债券违约诉讼的发展趋势，随后对阿根廷主权债券重组过程中发生的著名诉讼案例进行分析，进而对主权债券违约诉讼进行全面评价，最后在总结前文的基础上对如何使主权债券违约诉讼发挥效力提出建议。

第6章是主权债券违约的国际官方救助制度。主权债券违约的有效解决有时还会需要得到新的资金协助债务国从根本上改善财政状况、调整经济结构并恢复债务的可持续性。然而债务国发生违约后很难再通过资本市场筹集资金，即便有可能得到新资金也必须支付极高的融资成本，此时可行的外部资金来源是由相关国际组织或国家向债务国提供的国际官方救助。国际货币基金组织（IMF）在国际官方救助领域一直处于主导地位，本章主要结合国际官方救助领域最具代表性的 IMF 救助机制来研究国际官方救助制度。本章首先对 IMF 救助机制进行研究，随后对国际官方救助制度存在的主要法律问题进行分析，最后从法律角度提出对主权债券违约的国际官方救助制度的建议。

第7章是中国应对主权债券违约的策略。本章在分析中国主权债券市场概况以及中国对主权债券违约问题基本立场定位的基础上，从我国的国家利益角度出发针对如何应对解决主权债券违约问题提出建议。

第8章是结论。结论部分在总结前述章节研究成果基础上提出了本书的主要研究结论。

关键词： 主权债券　违约处置　重组　集体行动条款　秃鹫基金诉讼

Abstract

Governments around the world commonly raise large amounts of funds for infrastructure constructions, public services and other sectors by borrowing sovereign debts. Sovereign debts consist of sovereign bonds and sovereign loans. Sovereign bonds and sovereign loans have different features which make them have major differences with respect to default resolution. Sovereign loan creditors have a limited number and relatively simple structure, sovereign loan default resolution is relatively in order. However sovereign bond creditors have a very large number, widespread dispersion, diversified make-up and great heterogeneity, so that sovereign bond default resolution is more difficult and sophisticated. Nowadays sovereign debts are mainly in the form of sovereign bonds. Sovereign bond default resolution is not only related to the orderly operation of sovereign bond market but also related the financial stability of sovereign bond issuing country, its neighboring countries and region. Since few current researches involve this subject, it's necessary to conduct systematic research on sovereign bond default resolution from legal aspect.

主权债券违约处置法律制度研究

Over a long period of practice, sovereign bond market has developed relatively fix and definite sovereign bond default resolution mechanisms. Sovereign bond restructuring, sovereign bond default litigation and international official bailout for sovereign bond default all together constitute the major sovereign bond default resolution mechanisms among which sovereign bond restructuring plays the most important basic role whereas sovereign bond default litigation and international official bailout for sovereign bond default play supplementary roles. Because the legal system in sovereign bond area is not so well-developed, the abovementioned sovereign bond default resolution mechanisms sometimes could not completely resolved the sovereign bond default problems in the event of default by sovereign bond issuing country. Firstly, the contractual approach has been widely adopted to regulate sovereign bond restructuring and has achieved good effects, but it also has problems. Especially highlighted by the European sovereign debt crisis, demands for applying statutory approach to regulate sovereign bond restructuring have begun to increase. Secondly, litigation has increasing impacts on sovereign bond default resolution, sometimes even disrupts the sovereign bond restructuring process. Creditors' right to litigate has long been limited by sovereign immunity. However vulture funds with abundant capital and great litigation skills have initiated litigation attacks to defaulted debtor countries in recent year which have gradually increased the feasibility of sovereign bond default litigation and the number of sovereign bond default litigation case. Lastly, international organizations represented by IMF and some sovereign countries have effectively assist debtor countries in resolving sovereign bond default. But international community also has criticized international official bailout system for having too much discretion, lacking of independence and consistency and breeding moral hazard of debtor country and creditors. Overall the legal system of sovereign bond default resolution is in the process of formation and development in which many legal issues are involved and worth intensive research. International community shall engage in establishing a more improved and systemic legal system of sovereign bond default resolution.

This book is made up of eight chapters. Followed the way of identifying issues, analyzing issues and solving issues, this book conducts research on the legal system of sovereign bond default resolution by dividing the thesis into several specific issues:

Chapter One-Introduction. The introduction part sets up the framework of the whole book, elaborates the research background and significance of the book, reviews relevant domestic and international research achievements, presents research way of thinking and methods and explains the innovations of the dissertation.

Chapter Two-Theoretical summary of sovereign bond default resolution. This chapter reviews the basic theoretical issues of sovereign bond default resolution, differentiates relevant concepts, analyzes the current major mechanisms of sovereign bond default resolution and discusses the unconventional mechanisms of sovereign bond default resolution which had been applied in the past but now have been rarely used or even abandoned for various reasons. This chapter provides subsequent chapters with theoretical basis, finds breakthrough point for researching the specific issues of the sovereign bond default resolution legal system and lays a solid foundation for next step research.

Chapter Three-The contractual approach of sovereign bond restructuring. At present, the most important way of sovereign bond default resolution is sovereign bond restructuring between sovereign debtor country and its creditors. And the contractual approach of sovereign bond restructuring has been adopted broadly to regulate sovereign bond restructuring at the present stage. This chapter first researches the contractual approach of sovereign bond restructuring generally, next thoroughly analyzes the most important contractual approach – collective action clauses, then studies Greece sovereign debt restructuring in 2012 and Ecudor sovereign bond restructuring in 2000, finally puts forward advices on the contractual approach of sovereign bond restructuring from a legal perspective.

Chapter Four-The statutory approach of sovereign bond restructuring. Besides the contractual approach which has been applied in practice, the statutory approach of sovereign bond restructuring, in theory, is also an alternative way of adjust and regulate sovereign bond restructuring. Although the statutory approach has not been put into practice now, relevant theoretical studies on the statutory approach have been steadily intensified. Especially after the occurrence of European sovereign debt crisis, the problems in connection with the contractual approach have led to the discussions of the contractual approach and the statutory approach again. The international community began to review the disadvantages of the contractual approach and review the possibility of using the statutory approach to regulate sovereign bond restructuring. This chapter conducts research on the statutory approach of sovereign bond restructuring with an emphasis analysis on Sovereign Debt Restructuring Mechanism (SDRM), forecasts the latest development prospects of the statutory approach of sovereign bond restructuring and finally makes suggestions on the statutory approach of sovereign bond restructuring from a legal perspective.

Chapter Five-Sovereign bond default litigation system. Typically, creditors have two options after the occurrence of sovereign bond default: one option is to negotiate with sovereign debt country about sovereign bond restructuring which means that the debt amount need to be reduced, the other option is to initiate sovereign bond default litigation with competent court of law against the debtor country to repay the full amount of principal and interests. In theory, creditors may refuse to restructuring and file law suit to recover amounts owed by sovereign debtors pursuant to dispute resolution clause in the sovereign bond contract. However, unlike corporate entities, sovereign states are not subject to bankruptcy. And it is much more difficult and professional to bring legal actions against sovereign states. So over a long time, restructuring is the optimized choice for most of the creditors, and litigation is just an alternative way of

Abstract

resolution. Form the 1980s, the sovereign bond default litigation cases have increased obviously which gradually has great impacts on sovereign bond restructuring. Taking sovereign bond default litigation as thesis, this chapter elaborates the feasibility of sovereign bond default litigation, enforceablity of court's judgement and development trend of sovereign bond default litigation, analyzes the well-known litigatioin case happened during the Argentina sovereign bond restructurings, then makes comprehensive comments on sovereign bond default litigation, finally, based on the preceding research, presents advices on how to make sovereign bond default litigation produce effect.

Chapter Six-International official bailout system of sovereign bond default. Sometimes the effective resolution of sovereign bond default needs the injection of new funds to assist the sovereign debtor country to fundamentally change its financial status, adjust economic structure and recover debt sustainability. However it's hard for the sovereign debtor country to raise funds in capital market after the occurrence of default. Even it's possible to obtain new funds, the sovereign debtor country has to bear extremely high financing costs. The feasible external financing resources at this moment are international official bailout from relevant international organization and other sovereign states. International Monetary Fund (IMF) is always taking the leading role in international official bailout area. So this chapter's research of international official bailout system is combined with the most representative international official bailout-IMF bailout regime. This chapter first conducts research on IMF bailout regime, then analyzes the primary legal issues with international official bailout, and finally proposes advices on the international official bailout of sovereign bond default from a legal perspective.

Chapter Seven-China's policies towards sovereign bond default. Based on the analysis of China's sovereign bond market and fundamental position towards sovereign bond default, this chapter puts forward proposals for resolving sovereign bond default from the perspective of China's national interests.

Chapter Eight-Conclusion. Based on the summary of the preceding chapters, the conclusion part puts forward the main conclusions of the research.

Keywords: Sovereign Bond, Default Resolution, Restructuring, Collective Action Clauses, Vulture Fund Litigations

目　　录

1　导　　论

2　主权债券违约处置理论概述

3　主权债券重组的合同约束方法

4　主权债券重组的法律规制方法

5　主权债券违约诉讼制度

6　主权债券违约的国际官方救助制度

7　中国应对主权债券违约的策略

8　结　论

导 论

1.1 选题背景

主权债务以国家信用为担保，国家还可以通过增加税收以及再融资等途径筹措资金，因此主权债务通常被认为不会发生违约。但事实上主权债务违约并不罕见，由于货币危机、自然灾害和贸易支付差额等各种原因，当一国的债务负担超出其偿付能力时就有可能会发生主权债务违约。主权债务违约的历史同主权借贷本身的历史一样长，有记载的主权债务违约最早可以追溯至公元前 4 世纪，当时古希腊的 13 个城邦曾向提洛寺借款，但最后有 10 个城邦没有信守承诺向寺庙归还借款。[①] 19 世纪以来，随着资本的跨境流动，新独立国家增多以及现代金融市场的迅速发展，主权债务违约无论是数量还是波及范围都呈扩大趋势。虽然主权债务违约问题已经逐渐引起国际社会的广泛关注，各国也纷纷采取各种措施加以预防，但是主权债务违约事件并没有因此而彻底消失。2009 年希腊爆发主权债务危机，并随之引发多米诺效应，爱尔兰、葡萄牙、西班牙和意大利等欧洲国家纷纷陷入主权债务危机，此后演变为欧洲主权债务危机。欧洲主权债务危机的爆发，进一步凸显出通过有效法律机制应对处置主权债务违约的重要性和紧迫性。

主权债务包括主权债券和主权贷款两种主要类型，实践中各国政府一般都是通过上述两种债务工具获得融资。根据学者统计，1820 ~ 2004 年全世界总共出现了八轮主权借贷高峰，而每次主权借贷高峰过后都会集中爆发大规模的主权债务违约，除 20 世纪 80 年代发生的大规模主权债务违约主要表现为主权贷款违约之外，其余的历次所有大规模主权债务违约均主要涉及主权债券违约。[②] 就现阶段的情况而言，自 20 世纪 90 年代起，主

---

① Federico Sturzenegger and Jeromin Zetterlmeyer, *Debt Defaults and Lessons from a Decade of Crises* 3 (1st ed. 2007).

② *Id* at 6.

权债券就成为了目前主权债务的主要组成部分。①截至 2015 年 6 月，全世界主权债券的余额约为 9150 亿美元。②总之，无论是从历史角度还是结合当前的现实情况，主权债券的违约处置始终在解决主权债务违约问题中占据着非常重要的位置。

主权债券和主权贷款的不同特点直接决定了两者在违约处置方面采取了不同的模式。主权贷款的债权人数量有限且构成简单，主要是国家、国际组织等官方债权人和以跨国商业银行为代表的大型国际金融机构。主权贷款发生违约后，官方债权人出于政治和经济等方面考虑通常会接受对主权贷款进行重组，而金融机构出于维护其在债务国的现有业务和长远商业利益的考虑也不愿破坏同债务国关系，此外金融机构可能还会受到来自其所属国政府施加的压力。经过长期实践，目前主权贷款的违约处置已形成三种固定模式：重债穷国倡议——用于规范官方债权人（国家和国际组织）对重债穷国（满足特定条件的低收入国家）主权贷款的重组；巴黎俱乐部——用于规范官方债权人对重债穷国以外国家主权贷款的重组；伦敦俱乐部——用于规范私营部门债权人（商业银行等金融机构）提供的主权贷款的重组。上述三种模式虽不具有强制法律约束力，但是已形成相对完善的规则体系，在实践中可以有效处置主权贷款违约。

与主权贷款不同，主权债券在资本市场公开发行且二级市场流动性较好，因此具有债权人数量众多、分布广泛、构成多元化和异质性强等特点。主权债券的债权人除传统的官方债权人和大型国际金融机构，还包括小型商业银行、保险公司、养老基金、对冲基金和散户投资者等。③由于主权债券债权人的投资策略和风险偏好差异较大，买入主权债券时的成本也各不相同，而且很多私人债权人通常只关注债券本身的经济收益，不考虑与债务国的长远合作关系，也不易受到所在国政府的影响，这些因素都

---

① Lee C. Buchheit and G. Mitu Gulati, *Sovereign Bonds and the Collective Will*, 51 Emory Law Journal 1317, 1334 (2002).

② IMF, *Progress Report On Inclusion of Enhanced Contractual Provisions In International Sovereign Bond Contracts*, IMF (17 January 2016), http：//www. imf. org/external/pp/longres. aspx? id＝4911.

③ Daniel McGovern, *Different Market Windows On Sovereign Debt*, in Sovereign Debt：Origins, Crisis and Restructuring 77 (Vinod K. Aggarwal and Brigitte Granville ed. , 2003).

使主权债券违约处置的难度和复杂性要远远大于主权贷款。由于主权国家理论上无法像公司企业一样依据一国破产法进行破产清算，对主权国家提起诉讼即便胜诉后有效执行法院判决也还存在较大困难，所以直到目前从法律的角度还缺乏行之有效的机制来处置主权债券违约，实务中主要依靠债务国和债权人之间通过自愿协商实施主权债券重组。主权债券违约处置法律制度的不完善直接影响了主权债务违约问题的有效解决，为此国际组织、各国政府以及专家学者纷纷开始对构建主权债券违约处置法律制度提出构想和建议，以期实现在一定的法律框架内有序处置主权债券违约。

主权债券违约处置法律制度不单纯是国内法的问题，其中更涉及诸多国际法领域的问题。实践中各国不仅会在本国境内发行主权债券，而且为了降低融资成本和增大发行规模，很多国家都会选择在世界重要的国际金融中心公开发行主权债券融资。目前纽约和伦敦等地已经成为全球最重要的主权债券国际市场，很多国家特别是急需资金而又缺少其他融资渠道的新兴市场国家都会在国际资本市场大规模发行主权债券，这些债券绝大多数都为国际投资者所持有，而且根据市场惯例，这些主权债券的融资文件通常都约定适用债券发行地法律，并约定将相关争议提交债券发行地法院诉讼解决。不仅如此，随着资本跨境流动的日趋频繁以及各国金融管制逐渐放开，即便是各国在本国境内发行的主权债券近年来也出现大量为外国投资者所持有的趋势。据统计，新兴市场国家在本国发行的主权债券为外国投资者持有的比例已经由 2010 年的 10% 上升至 2013 年的 20%，在匈牙利、波兰、秘鲁和马来西亚等国更是超出了 30%。[①]可见当前主权债券的国际化趋势明显，主权债券违约处置也随之涉及国际法问题。此外，为了有效解决主权债券违约问题，一些国际组织和专家学者倡导从国际法层面构建统一规范的主权债务违约的法律框架，这就更需要从国际法角度深入研究主权债券违约处置法律制度。

从我国的情况来看，中国发行主权债券的传统模式是由财政部代表政

---

① Principles Consultative Group, *Report of the Principles Consultative Group On* 2013 *Implementation of the Principles for Stable Capital Flows and Fair Debt Restructuring*, 1, 29（2013）.

府在国内的证券交易所、银行间市场以及柜台发售国债。除此之外，中国既在国际市场发行了一定规模的主权债券，①也把大量的外汇储备投资于其他国家发行的主权债券，②相关境外机构投资者如今已被允许在我国境内投资我国的国债，③外国政府也开始在我国银行间市场发行主权债券。④可以预见主权债券违约处置问题将与我国和我国投资者的关系越来越紧密。特别是随着人民币成功进入国际货币基金组织特别提款权货币篮子，未来我国资本市场和外汇管制还会进一步放开，主权债券的"走出去"和"引进来"将会继续深入，我国应当未雨绸缪，抓紧对主权债券违约处置法律制度进行研究。

综上所述，在当前全球金融环境相对动荡的背景下，主权债券违约的概率增大，特别是欧洲主权债务危机爆发后不仅是发展中国家和不发达国家，即使是一些欧洲发达国家的主权债券也面临违约风险，从国际社会整体利益角度考虑，有必要对主权债券违约处置的相关法律问题进行系统研究。此外，从我国的国家利益考虑，虽然我国发行的主权债券违约概率极低，但是其他国家主权债券发生违约后将有可能关系到我国和我国投资者

---

① 改革开放以来，我国曾在境外通过发行主权债券来弥补国内资金不足，现在我国赴境外发行主权债券主要不再是出于资金需求的考虑。2003 年中国政府发售了 10 亿美元和 4 亿欧元的主权债券，并承诺将在国际债券市场经常性地发行债券，以此来确立一个可靠的定价基准，为中国企业今后进行海外融资提供参照。一直以来，中国主权债券的稀缺性、良好的偿债记录以及较高的信用评级使其广受青睐。

② 主权债券以一国政府信用及其经济实力作为保障，通常被认为适合我国存放巨额外汇储备。我国外汇储备中很大一部分用于购买其他国家发行的主权债券。以我国持有美国国债的情况为例，目前我国位于日本之前是美国国债的最大外国持有者。

③ 2010 年，中国人民银行发布《关于境外人民币清算行等三类机构运用人民币投资银行间债券市场试点有关事宜的通知》，三类机构具体为：境外中央银行或货币当局，香港、澳门地区人民币业务清算行，跨境贸易人民币结算境外参加银行。2012 年，中国证监会发布《关于实施〈合格境外机构投资者境内证券投资管理办法〉有关问题的规定》，在批准投资额度内合格境外机构投资者（QFII）可以投资于在证券交易所交易的股票、债券和权证，在银行间债券市场交易的债券等人民币金融工具。2013 年，中国人民银行宣布允许合格境外机构投资者（QFII）申请进入银行间市场。2015 年 7 月，中国人民银行发布《关于境外央行、国际金融组织、主权财富基金运用人民币投资银行间市场有关事宜的通知》，相关境外机构投资者进入银行间市场由审批制变为备案制，在备案完成后可在银行间市场开展债券现券、债券回购、债券借贷、债券远期，以及利率互换、远期利率协议等其他经中国人民银行许可的交易。

④ 2015 年 12 月，韩国政府在中国银行间债市发行 30 亿元人民币的主权债券，成为首只外国政府在中国境内发行的以人民币计价的主权债券。

的切身利益。正是在这样的背景下，本书选取了主权债券违约处置法律制度作为研究主题。

1.2 研究意义

本书对主权债券违约处置法律制度进行研究并提出具有可操作性的建议，对于从理论上完善主权债券违约处置法律制度以及在实务中具体处置主权债券违约开拓了思路，具有一定的理论意义和现实意义。

1.2.1 理论意义

系统研究主权债券违约处置法律制度，有利于进一步完善有关主权债务违约问题的理论体系。目前对于主权债务违约问题的理论研究主要是从经济学角度分析主权债务违约的原因、影响、启示以及如何事先防范主权债务违约，对于如何从法律角度妥善处置已经发生的主权债务违约还缺少深入研究，专门针对主权债券违约处置问题进行的法律研究则更是少见。虽然相关国际组织、国家和专家学者从某些角度对如何处置主权债务违约提出了一些建议，但是专门针对主权债券违约处置进行的法律研究还不够系统完善，国内学术界对主权债券违约处置法律制度的研究则更显薄弱。主权债务包括主权债券和主权贷款，自 20 世纪 90 年代起主权债券已逐渐取代主权贷款成为了主权债务的最主要类型。主权债券与主权贷款在性质和特点上的差异使主权债券违约处置的难度要远远大于主权贷款，因此有必要从法律角度专门针对主权债券这一特定种类的主权债务去系统研究其违约处置问题，从而丰富和完善学术界关于主权债务违约问题的理论研究。

1.2.2 现实意义

进行主权债券违约处置法律制度的研究，有助于在现实中推动主权债券违约事件得到及时有序的解决，更好地维护债务国、债权人以及其他相关当事方的利益。主权国家发行的主权债券一向被投资者认为违约概率很低，但是当一个国家受到经济衰退、过度举债等各种因素的影响时，就有可能发生主权债券违约。主权债券是当前各国政府的主要融资方式，主权债券违约问题也已引起国际社会关注，妥善处置主权债券违约的重要意义日趋凸显。但是直到目前主权债券领域法律制度仍然很不完善，处置主权债券违约的最主要手段是由债务国和债权人依据个案具体情况通过谈判协商实施主权债券重组。尽管集体行动条款在主权债券合同中的使用一定程度上缓解了主权债券重组中的债权人协调问题，但是这对于彻底有效解决主权债券违约问题来说还远远不够。近年来，少数债权人抵制重组并对债务国提起诉讼的情况开始逐渐增多，以 IMF 为代表的国际组织向债务国提供的国际官方救助还未能与主权债券重组进行有效协调和相互配合共同处置主权债券违约。现实中，由于缺少调整规范主权债券违约的有效机制，主权债券重组时常陷入僵局，国际官方援助也因欠缺独立性和可预期性而备受批评。开展主权债券违约处置法律制度的研究，有助于为系统解决主权债券违约问题，探索最佳解决方案，使主权债券的违约处置更加有章可循，减少违约对债务国经济产生的负面影响，同时维护债权人的正当权益。

进行主权债券违约处置法律制度的研究，有助于保证主权债券市场的繁荣发展，维护国际金融体系的稳定。在当今经济全球化和金融一体化的时代，一国主权债券违约不仅会对债务国自身经济、政治和社会带来严重后果，而且有可能进一步蔓延至周边国家和地区，进而威胁到主权债券市场的正常市场秩序以及国际金融体系稳定，甚至可能对整个国际社会的经济和金融安全构成重大威胁。欧洲主权债务危机的爆发改变了长期以来主权债务违约只发生在经济体量较小的发展中国家和不发达国家的局面，对全球经济具有系统重要性影响的发达国家也开始受到主权债务违约问题的困扰，可以说目前任何国家都很难完全置身于其他国家主权债务违约问题的影响之外。主权债券是当前主权债务的主要组成部分，处置主权债务违约的很大一部分工作就是在处置主权债券违约，妥善处置主权债券违约已经成为世界各国急需解决的紧迫现实课题。进行主权债券违约处置法律制度的研究，不仅对于妥善处置主权债券违约本身具有重要意义，而且还有利于规范主权债券市场的市场秩序，保障债务国周边国家和地区的金融稳定，维护整个国际金融体系的安全。

1.3　文献综述

1.3.1　国内研究综述

主权债券是当前主权债务最主要的一种类型，但国内文献多数都是以主权债务整体为研究对象，缺少专门针对主权债券进行的研究。总体来看，国内学术界对主权债务的研究主要集中在经济学领域，法学领域的研究偏少，只有少量研究从法律角度具体探讨了主权债务违约处置问题的某个方面。相关国内文献对于主权债务违约处置领域的研究成果与本书的研究有着一定联系，为本书的研究开阔了思路，奠定了基础。

1.3.1.1　主权债务违约处置的总体研究成果

主权债务违约处置最重要的方式是主权债务重组。关于主权债务重组最有代表性的研究是张虹 2007 年出版的专著《主权债务重组法律问题研究》。该书沿着主权债务—债务违约—债务重组—债务解决的基本思路，首先对主权债务和主权债务重组的基础理论问题进行研究，阐述了现有的主权债务重组模式，包括官方双边债务重组的巴黎俱乐部模式，国际银团贷款重组的伦敦俱乐部模式和主权债券的重组模式，分析了当前主权债务重组框架的基本特点和所面临的种种问题；其次分别详细论述了解决主权债务重组问题的三种不同的方法和框架——IMF 提出的主权债务重组机制，集体行动条款以及《推动一部关于主权债务重新协商的良好行为准则》；最后将主权债务重组置于国际金融体系的更大背景下，展望了主权债务危机解决体系设计的前景，并指出中国在这一问题上的特殊身份及应有的原则立场。在国内有关主权债务重组法律问题研究甚少的情况下，张虹的研究填补了国内研究的空白，特别是对主权债务重组中的主要法律问题进行了系统研究，为后人的研究工作奠定了理论基础。另外，张虹于2006 年发表了《论国家债务重组的新方法》（合作作者）、《债券交换中的"退出同意"策略——以国家债务重组为背景》、《国际债务危机解决机制的改革与完善》和《〈新兴市场稳定资本流动和公平债务重组的原则〉述评》几篇文章，对主权债务重组的具体法律问题分别进行了专项研究。但是张虹的上述研究也还存在一些不足：第一，研究主要集中在主权债务重组问题，没有对处置主权债务违约的其他机制——国际官方救助和主权债券违约诉讼进行系统研究，仅是在《国际债务危机解决机制的改革与完善》一文中用一部分篇幅研究了国际官方救助制度。第二，在研究主权债务重组问题时没有区分主权债券和主权贷款，分别研究主权债券重组和主权贷款重组。《主权债务重组法律问题研究》一书虽然在论述主权债务重组的现状时注意到了主权贷款和主权债券不同重组的基本模式，但是在研究主权债务重组的解决方法时没能继续这一思路，分别研究主权债券重组和主权贷款重组。第三，《主权债务重组法律问题研究》一书将 IMF 提出的主权债务重组机制等同于主权债务重组的法律规制方法，将集体行动条款等同于主权债务重组的合同约束方法，没有注意到主权债务重组的法律规制方法和合同约束方法其实还包括其他的理论和机制。尽管如此，张虹仍然是研究主权债务重组法律问题的代表学者，特别是其所著的《主权债务重组法律问题研究》一书可以说是国内关于主权债务重组问题的代表性研究。

此外，其他一些国内文献也分别从不同的角度对主权债务违约处置问题进行了研究。2012 年，李月芬等人的文章《填补主权债务危机预防与重组的法律空白》阐释了债务契约国际化这一现象，考察了主权债务领域的法律空白及其经济原因，分析了当前试图填补这一领域法律空白的最重要举措，特别是提出通过推广联合国贸发会制定的负责任主权借贷原则来预防主权债务危机。2013 年，张国武的博士论文《主权债务重组问题研究》从经济学角度对主权债务重组的相关问题进行了深入研究，特别是对主权债务的违约原因进行分析并研究了主权债务重组的实际案例，认为在开放的经济条件下要客观看待主权债务问题，不可一味地排斥主权债务抛弃使用主权债务来撬动国民经济快速发展，但同时也不可让国民经济对主权债务造成依赖，从而为债权人所制约。2014 年，杨君的博士论文《欧元区主权债务违约风险研究》结合欧元区国家主权债务危机以及主权债务重组的实践研究了政治体制、财政货币政策、宏观经济失衡以及财政可持续性对主权债务违约风险的影响，提出欧元区国家应当通过建立财政联盟、银行联盟等更高层次的政治、经济融合来应对主权债务的违约风险。总之，现有的国内文献虽对主权债务违约问题进行了一定的研究，但是仍缺乏对该问题系统、深入和全面的探讨。

1.3.1.2　主权债务重组的合同约束方法和法律规制方法的研究成果

对于主权债务重组的合同约束方法，2003 年钟伟、覃东海和肖云月发表的文章《国家破产的集体行动条款方案：理论构建及其进展》讨论了主权债务重组的困境，从经济学角度论证了集体行动条款方案的基本理论模型，分析了集体行动条款方案的基本架构，并研究了集体行动条款方案的进展和障碍，该文章是国内对集体行动条款这一最重要的合同约束方法较早和较为系统的研究。但是由于文章发表于集体行动条款刚刚被市场普遍采纳之际，因而无法反映近年来集体行动条款的最新发展。对于主权债务重组的法律规制方法，2003 年李双元和曾炜发表的《国家破产——主权债务重组研究》进行了较为系统的研究。与张虹《主权债务重组法律问题研究》一书全面研究了主权债务重组不同，李双元和曾炜的研究专门只针对主权债务重组的法律规制方法。文章所说的国际破产制度是指处理国家无力偿还债务的一种国际法制度，实质就是指主权债务重组的法律规制方法，文章从国际法的角度分析了建立国家破产法的必要性、核心原则和主要制度，最终提出了应当构建调整主权债务重组的国际法律制度的最终结论。文章的优点在于对主权债务重组法律规制方法的理论分析较为系统透彻，特别是借鉴了国内破产法的相关制度来研究如何在国际法层面规范主权债务重组，缺点在于当时国际货币基金组织刚刚提出主权债务重组机制不久，对于主权债务重组机制这一最重要的法律规制方法的研究不够深入，也没有对其他法律规制方法的重要理论进行研究，再者对于如何着手构建国家破产法没有给出具体建议。

另外，2003 年时任人民银行国际司司长的金琦曾发表的文章《有关主权债务重组机制的讨论》对由国际货币基金组织制定并倡导的主权债务重组机制（SDRM）进行了讨论。该文主要是从实务角度简要介绍了SDRM 的产生背景和主要内容，虽然学术性不强，但一定程度上反映了当时我国政府部门对主权债务重组问题的关注。2009 年，黄韬的文章《国际货币基金组织主权债务重组机制设计的法律视角》系统分析了国际货币基金组织提出的 SDRM，将 SDRM 与其他主权债务重组模式以及国内法中的破产法律制度进行了比较分析，研究了国际货币基金组织在推行SDRM 过程中面临的困境，认为理论上可以证明 SDRM 可能成为解决主权债券重组问题最有效的法律机制，但是在现实中国际货币基金组织推行建立的 SDRM 将面临各种障碍。2010 年，董琳琳的硕士论文《国家主权债务重组法律问题研究》认为在集体行动条款占据主导优势的情况下可以通过弹性的主权债务重组机制使主权债务重组的法律规制方法更具有可行性。2007 年，宋丽丽的硕士论文《论国家主权债务重组的司法化 ——IMF "主权债务重组机制" 的启示》通过对集体行动条款内容和局限性进行分析，得出结论集体行动条款不足以从根本上解决债权人协作问题和道德风险问题，进而讨论主权债务重组的法律规制方法 SDRM，分析 SDRM陷入停顿的原因，展望主权债务重组法律规制方法的前景，并对 SDRM有关制度的设计进行了探讨。以上研究的不足在于：自 2003 年起，SDRM已经被国际货币基金组织搁置，而这些研究并没有对 SDRM 之外的其他法律规制方法的最新发展给予关注和讨论。

1.3.1.3 主权债券违约诉讼制度的研究成果

对于主权债券违约诉讼制度，最有代表性的研究是 2012 年郭春华发表的《主权债务债权人的 "对价" 能力机制分析——基于诉讼角度的观察》。该文主要是从主权债券违约诉讼的角度来研究主权债务违约问题，首先阐述了在欧洲主权债务危机的背景下，发达国家开始通过运用集体行动条款有选择地限制债权人的诉讼权利，从而削弱单个债权人的对价能力；其次分析了主权债务的合同条款可以提升主权债券违约诉讼地位的功能，使诉讼成为提升债权人对价能力的主要路径；再次主张通过国家豁免制度以及合同机制来合力提升债权人的对价能力；最后对如何构建我国的债权人对价能力提升制度提出建议。该文围绕着保护债权人利益这一主线对主权债券违约诉讼和主权债务合同条款进行了深入研究，创新性在于从保护债权人利益的角度研究主权债务违约问题，客观分析了集体行动条款的功能，结合诉讼案例研究了主权债券违约诉讼制度，对主权债务合同的重要条款进行了系统梳理。郭春华关于主权债券违约诉讼问题研究的不足在于：虽然提及了主权债务的债券化趋势，文章实质上主要也是从主权债券违约诉讼的角度进行研究，但是在表述上还是使用主权债务诉讼的概念；由于篇幅所限，文章关于集体行动条款和同等权利条款对主权债券违约诉讼产生的影响没有进一步详细展开；对于近年来在主权债券违约诉讼领域最活跃的秃鹫基金没有专门进行系统研究。总体来说，郭春华对于主权债券违约诉讼问题的研究工作较为深入系统，是这一领域国内最有代表性的研究成果。另外，2016 年敖希颖发表的《国际债权人的转机：平等条款的新解释》一文，结合实际案例从主权债券合同中的同等权利条款入手对主权债券违约诉讼问题进行分析，该文跟进了近年来最有影响力的 NML Capital Ltd. 诉阿根廷共和国案，不足在于：对主权债券违约诉讼的研究仅局限于债权人利用同等权利条款提起的诉讼。此外，2011 年李方方的硕士论文《主权债务重组模式研究》研究了在主权债务合同不包括仲裁条款的情况下，由国际投资争端解决中心（ICSID）对主权债务争端行使管辖权的可能性，并且分析了主权债务合同中很少选择仲裁而偏向选择诉讼作为争议解决方式的主要原因。2014 年，代文莎的硕士论文《论主权债务违约下债权人的保护机制》对以 ICSID 仲裁的方式来解决主权债务违约问题进行了理论和实证研究，认为在实践中真正有关主权债务违约的 ICSID 仲裁案件数量很少，并且 ICSID 仲裁在解决主权债务违约争议时耗时长且进展缓慢，对于仲裁当事方而言需要花费巨大的时间和成本。以上研究工作的不足在于：对于以诉讼和仲裁处置主权债务违约的研究篇幅只占论文的一章，对相关问题未能展开更深入的讨论。

1.3.1.4 国际官方救助制度的研究成果

对于主权债券违约的国际官方救助制度，国内从法律角度进行的研究并不充分，只有张虹 2006 年发表的文章《国际债务危机解决机制的改革与完善》在其中两个章节简要涉及了 IMF 救助机制，以及 IMF 救助机制与主权债务重组之间的协调问题。此外，2012 年尚毅发表的文章《论 IMF 在主权债务危机解决中的定位和作用——以 IMF 贷款框架改革为视角》对 IMF 对于主权债务危机解决的国际法基础、IMF 在解决主权债务危机中的定位和作用以及 IMF 贷款框架进行了分析。上述研究并未能对 IMF 救助机制进行全面系统的分析。

1.3.1.5 总体评价

通过对国内现有研究成果的综述，可以发现从法律角度对主权债务违约问题进行的研究相对较少，专门针对主权债券违约问题的研究则更少。审视目前国内关于主权债务违约的研究，对于主权债务重组的研究相对深入一些，而对于国际官方救助制度的研究则最为薄弱。从研究的广度上考虑，今后需要对主权债务违约问题进行更加系统和全面的研究，不能停留在只对单独某一项主权债务违约处置机制进行孤立的研究。从研究的深度上考虑，主权债券是当前主权债务的主要组成部分，并且主权债券违约处置的难度和复杂程度要远大于主权贷款，因此应当有针对性地加强对主权债券违约处置法律制度的专门研究。

1.3.2 国外研究综述

与国内的研究相比，国外从法律角度对主权债务违约问题的研究则要更加全面和深入。不仅是法学专家学者，还有相关的国际组织以及实务界人士都对主权债务违约这一课题贡献了重要的研究成果，其中最具代表性的机构和学者有十国集团（Group of Ten）、国际货币基金组织（IMF）、佳利律师事务所（Cleary Gottlieb Steen & Hamilton LLP）合伙人李·布克海特（Lee C. Buchheit）以及杜克大学法学院教授米图·古拉蒂（Mitu Gulati）等。以下对有关主权债务违约问题的国外文献进行综述。

1.3.2.1 主权债务违约处置的总体研究成果

国外法学界对于主权债务违约问题已经从总体上进行了较为系统的研究。2010 年，迈克·瓦博（Michael Waibel）的著作《国际法视角下的主权债务违约》从国际法视角对主权债务违约问题进行研究。该研究对不同时代主权债务违约处置的方式以及具体案例进行详细的分析后，认为尽管目前有关主权债务违约的国际法并不发达，但是未来的主权债务违约可能会促使解决主权债务争端的场所从国内法院转向国际法庭，并探讨了建立常设国际法庭以及通过临时仲裁解决主权债务违约争端的可能。该研究从国际法的视角对于历史上解决主权债务违约争端的总结和研究较为透彻，但是对于未来如何通过建立常设国际法庭以及通过临时仲裁解决主权债务违约争端的论述并不深入，而且没有对目前现行的规范主权债券重组的法律规制方法以及国际官方救助制度进行研究。此外，2009 年罗德里格·奥利瓦雷斯－卡梅纳（Rodrigo Olivares Camina）的著作《债权人视角下的主权债务重组法律问题研究》从债权人的视角对主权债务重组的法律问题进行了综合研究，该研究结合若干主权债务重组案例对于主权债券重组的合同约束方法和主权债券重组的法律规制方法都进行了系统研究，同时也讨论了 IMF 在主权债务重组中的角色重新定位问题，研究的最终结论是主权债务重组存在着临时的法律框架，市场导向的主权债券重组的合同约束方法应得到认可并代表着未来的发展方向。

1.3.2.2 主权债券重组合同约束方法的研究成果

在主权债券重组的合同约束方法方面，十国集团对于研究以及倡导实际使用主权债券重组的合同约束方法做了大量开创性工作。[①] 十国集团下设的工作组于 1996 年和 2002 年发布的报告详细分析了处置主权债券违约面临的主要问题，并在研究主权债券合同条款的基础上提出了通过主权债

[①] 十国集团是指一组同意参与 IMF 借款总安排（General Arrangements to Borrow）的国家。借款总安排是 IMF 的一种补充借贷安排，在 IMF 的资源低于成员国的需求时可以调用。借款总安排建立于 1962 年，当时 IMF 的八个成员国（比利时、加拿大、法国、意大利、日本、荷兰、英国和美国）的政府以及另外两个国家（德国和瑞典）的中央银行同意通过参与此安排向 IMF 提供资源，其资金将在规定条件下供非参加国使用。1964 年，借款总安排因瑞士（当时瑞士还不是基金组织成员国）协会的加入得到加强，但仍继续延用十国集团的名称。

券重组的合同约束方法，特别是集体行动条款来规范引导主权债券重组。尤其是 2002 年的研究报告对于如何具体构建主权债券重组的合同约束方法提出了非常明确具体的政策建议，包括拟定了集体行动条款的示范合同条款。十国集团的两份研究报告不仅为有关主权债券重组合同约束方法的后续理论研究工作奠定了基础，还直接推动了主权债券重组的合同约束方法在现实中得到实际应用。

自 2002 年起，IMF 开始对主权债券重组的合同约束方法，特别是集体行动条款进行了长期的研究，研究重点也从最初的如何推广使用主权债券重组的合同约束方法逐渐转向现在的如何进一步完善主权债券重组的合同约束方法。IMF 研究的主要结论是集体行动条款虽然已经在现实中得到广泛实际应用并在一定程度上有效推动了主权债券重组顺利进行，但是集体行动条款还未能真正彻底解决主权债券重组存在的问题，因此应当对集体行动条款予以进一步改进和加强——在主权债券合同中推广使用最新设计的单分支集体行动条款。IMF 对以市场为导向的合同约束方法一贯持积极支持的态度，对于如何运用集体行动条款确保实现及时有序的主权债券重组进行了系统的研究，但是对于如何防范集体行动条款被滥用的问题研究得还不够深入。

2012 年，Stephen J. Choi、Mitu Gulati 和 Eric A. Posner 在 "*The Evolution of Contractual Terms in Sovereign Bonds*" 一文中对于主权债券合同条款的研究工作非常具有代表性。他们的研究专门围绕主权债券合同展开，提出最佳的主权债券合同应当确保债务国在财政状况良好的情况下全额清偿债务，而在财政状况不良的情况下尽自己最大能力清偿债。但是由于主权国家的真实财政状况难以核查，最佳的主权债券合同在现实中无法实现，因此合同当事方应当考虑如何设计出次佳的主权债券合同。次佳的主权债券合同应当实现两个效果，一是解决执行问题，即在债务国财政状况良好的情况下防止其故意违约逃废债务；二是解决重组谈判问题，即在债务国财政状况不佳的情况下尽量降低因重组而产生的不必要成本。研究随后从如何解决执行问题和重组谈判问题的角度对主权债券的相关合同条款进行了研究，并对 1960~2011 年的主权债券合同条款的演变进行了系统归纳和总结，最终得出结论认为主权债券的合同条款是防范债务国违约风险的工具，对于低违约风险的国家债权人可以接受不完整的合同条款，而对于高违约风险的国家债权人则规定额外的合同条款来提供保护，这就是为什么基本总是由违约风险较大的国家率先使用新的主权债券合同条款。此外，由于债务国和债权人在出现主权债券违约时通常希望其他国家、国际组织等官方机构提供国际官方救助，而官方机构为了避免日后再次为主权债券违约提供救助一般都会附带要求在设计新的主权债券合同条款方面拥有一定的发言权，因此非债务国身份的国家以及相关国际组织通常会对主权债券合同条款的变化产生影响。Stephen J. Choi 等人的研究从主权债券合同条款的视角研究了主权债违约问题，角度独特新颖，有助于加深对主权债券重组的合同约束方法的研究和理解。

1.3.2.3　主权债券重组法律规制方法的研究成果

1981 年 Christopher Oeschsli 的文章 "*Procedural Guidelines for Renegotiating LDC Debts：An Analogy to Chapter* 11 *of the U. S. Bankruptcy Reform Act*" 首次提出模仿《美国破产法》第 11 章的重整程序来解决不发达国家债务重组问题，此后学者们陆续提出关于主权债券重组法律规制方法的相关理论。1995 年，Jeffrey Sachs 在题为 "*Do We Need an International Lender of Last Resort*?" 的演讲中提出将国家破产的概念引入主权债务领域，建议在实施主权债务重组时模仿《美国破产法》第 11 章中的两项制度——在重整开始后冻结债权人的执行措施和 DIP 融资制度，国家破产概念的提出对于主权债券重组的法律规制方法具有重要意义。2000 年 Steven Schwarcz 的文章 "*Sovereign Debt Restructuring：A Bankruptcy Reorganization Approach*" 进一步论述了国家破产制度，同时对 Jeffrey Sachs 的观点进行了修正和发展，主张国家破产程序只能由债务国发起并且无须引入公司重整中有关中止债权人诉讼的制度。1990 年，非政府组织 Jubilee Debt Relief Movement 提出了建立仲裁程序用于解决主权债券重组，该仲裁程序以《美国破产法》第 9 章市政破产为蓝本，主张建立完全中立的仲裁机构管辖主权债券重组，并强调重组过程应注意保护债务国居民的社会服务需求。2002 年，Richard Gitlin 在题为 "*A Proposal：Sovereign Debt Forum*" 的学术讲座中提出通过调解程序解决主权债券重组，这一调解程序实际上是一种弱化了的法律规制方法，它不需要依靠各国缔结条约来建立正式的重组法规框架，而是由第三方居中对重组谈判进行调解并对重组计划草案加以评估。2004年，Steven L. Schwarcz 的文章 "'*Idiot's Guide' to Sovereign Debt Restructuring*" 分析了主权债券重组中的最主要问题——债权人集体行动问题、债务国的道德风险、其他国家可能需要加重其本国居民税负从而为债务国提供国际官方救助，并对主权债券重组的合同约束方法和法律规制方法分别进行分析，最后得出结论认为合同约束方法无法解决主权债券重组中的问题，而法律规制方法不仅比合同约束方法更有效，而且实施起来的难度和成本并不大。

关于主权债券重组的法律规制方法最重要以及最有代表性的研究是由 IMF 进行的。在总结前人研究成果的基础上，IMF 集结经济、法律等领域的权威专家提出了主权债务重组机制（SDRM）。2001 年 11 月，IMF 副总裁 Anne Krueger 在讲话中首次正式提出建立 SDRM 的构想，随后 IMF 于 2002 年 11 月制定了 SDRM 的具体内容，并于 2003 年 4 月进行了进一步修改。SDRM 是迄今为止最重要的主权债券重组的法律规制方法理论，虽然 SDRM 因未能获得足够支持而付诸实施，但是 SDRM 对法律规制方法的很多重要内容，比如对债权人执行措施的限制、优先权融资制度等都进行了深入研究和完善，特别是对于如何在法律规制方法项下建立争议解决机构提出了具体的制度设计，这也为后续关于主权债券重组法律规制方法的研究奠定了基础。

在 SDRM 被搁置后，主权债券重组法律规制方法最新的代表性研究是 2010 年 Francois Gianviti 等人提出的在欧盟范围内模仿 SDRM 建立欧洲债务重组机制（EDRM）。这一研究建议充分依托欧盟的现有框架在欧盟建立欧洲债务重组机制，比如欧盟成员国请求启动 EDRM 后必须由欧盟委员会审查确认该国债务不可持续，欧洲法院将负责处理重组过程中产生的争议，并建议通过修改《设立欧洲稳定机制的条约》的方式建立 EDRM，并使 EDRM 成为欧洲稳定机制的一部分。此外，联合国主权债务重组进程特设委员会于 2015 年制定的《主权债务重组进程的基本原则》也是主

权债券重组法律规制方法的最新理论成果。该基本原则对于探索在联合国
体系下建立主权债券重组的法律规制方法提供了理论依据，与之前的法律
规制方法不同的是，该基本原则特别强调了主权国家有制定本国宏观经济
政策包括重组本国主权债务的自主权，而不受任何被不当使用的措施破坏
或阻碍，因此该基本原则在平衡债务国和债权人之间利益的问题上更倾向
债权人的权利让位于债务国的国家主权。

1.3.2.4　主权债券违约诉讼制度的研究成果

对于主权债券违约诉讼制度，2004 年 Jill E. Fisch 和 Caroline M. Gen-
tile 发表的文章 "*Vultures or Vanguards*？: *The Role of Litigation in Sovereign
Debt Restructuring*" 研究了抵制重组债权人提起的主权债券违约诉讼，特别
是分析了主权债券违约诉讼可能带来的积极作用，并提出通过修改合同条
款来对主权债券违约诉讼加以规范。2014 年 Tim R Samples 的文章 "*Rogue
Trends in Sovereign Debt*: *Argentina*, *Vulture Funds*, *and Pari Passu under New
York Law*" 对著名的主权债券违约诉讼案例 NML Capital Ltd. 诉阿根廷共和
国案进行了系统的研究和分析，最终得出的结论是该案件只应当是特例，
并建议在今后的主权债券违约诉讼案件中限制性地适用该案的裁决。

1.3.2.5　国际官方救助制度的研究成果

对国际官方救助制度，IMF 的研究工作最具代表性，IMF 对国际官方
救助制度的研究实质上就是 IMF 修改完善其相关内部政策的过程。20 世
纪 80 年代，IMF 采取协同融资方式的救助政策，即 IMF 与成员国协商制
订经济政策调整计划，但只提供经济政策调整计划所需要的部分资金，剩
余融资缺口由商业银行债权人提供，商业银行的原有债权需要协商延长还
款期限但是无须削减本息。20 世纪 90 年代，IMF 采取催化方式的救助政
策，强调通过 IMF 救助催化私营部门债权人与债务国协商重组，IMF 开始
提供超出其常规贷款限额的巨额救助资金来催化私人资本回流，重建市场
信心，协助成员国重新在资本市场获得商业化融资。2000 年，IMF 通过
了《布拉格框架》，确立了 IMF 现行救助政策的基本原则，特别是在发生
主权债券违约的情况下应如何协调国际官方援助与私营部门参与之间的关
系。《布拉格框架》明确了 IMF 提供超出其常规贷款限额的融资应当只是

例外情况，并且提出私营部门债权人实施的包括主权债务重组在内的一系列措施可能会确保为受救助国家提供足够的融资。《布拉格框架》还进一步规定主权债务重组必须基于 IMF 对受救助国家基础偿债能力以及重新获得市场融资前景的评估，并且重组应当尽可能地依靠市场化和自愿的方法。2003 年，IMF 对特殊贷款限额政策进行修改，对超出常规贷款限额使用资金时 IMF 的自由裁量权作出限制，规定如果救助贷款金额超过常规贷款限额就需要一定的标准，IMF 救助政策发展至新阶段。

1.3.2.6 总体评价

通过以上综述可以发现，国外已有的研究成果已经从法律角度对主权债务违约问题进行了较为深入的研究，特别是对主权债券重组的合同约束方法和主权债券重组的法律规制方法两个专项问题已经有了较为全面的研究，但是对于国际官方救助制度以及主权债券违约诉讼的研究相对偏少一些，因此后两个方面的问题也将是本书着重进行研究的方向。此外，在国外的全部相关研究中，从总体上全面研究主权债券违约处置法律制度的文献资料也还是相对偏少，多数都是对某一具体专项问题的研究，因此系统化地对主权债券违约处置法律制度进行总体研究也是本书努力的方向。再者，国外的相关研究有一部分注意到了主权债券与主权贷款在违约处置方面的不同，但是多数还是概括性地研究主权债务违约，不过实质上很多研究其实就是专门针对主权债券违约进行的，只不过在表述上使用了主权债务违约。比如集体行动条款其实只适用于主权债券重组而对主权贷款的重组并不适用，但是很多关于集体行动条款的研究还是表述为在主权债务重组框架下进行，但其实该研究具体针对的是主权债券重组。

1.4 研究思路及研究内容

1.4.1 研究思路

本书遵循"提出问题—分析问题—解决问题"的研究思路逐层推进。

首先，导论部分在阐述选题背景和总结前人研究成果的基础上明确本书的研究主题——主权债券违约处置法律制度。随后，主权债券违约处置理论概述部分对主权债券违约处置的基础性理论问题进行总体研究，提出应当构建系统完善的主权债券违约处置法律制度作为对主权债券违约的法律应对。接下来，本书把主权债券违约处置法律制度这一研究主题划分为若干分项问题，从第 3 章至第 7 章每章分别研究一个具体的分项问题，即主权债券重组的合同约束方法，主权债券重组的法律规制方法，主权债券违约诉讼制度，主权债券违约的国际官方救助制度以及中国应对主权债券违约的策略。最后，在总结全书研究成果的基础上得出主要结论。

为了更加清晰直观，本书的研究思路如图 1 - 1 所示。

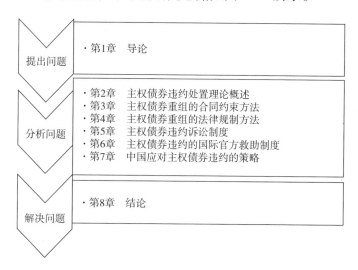

图 1 - 1　本书研究思路

1.4.2　研究内容

本书包括八章，具体的研究内容如下：

第 1 章导论。导论部分对本书的选题背景和研究意义进行阐述，回顾国内以及国外学者对相关问题的研究成果，介绍本书的研究思路和研究方法并说明创新之处。导论部分建立了全书的框架，使下一步研究具有了有力的基础支撑。

第 2 章主权债券违约处置理论概述。本章阐述了主权债券违约处置的基础理论问题，对相关概念进行了辨析，总结当前主权债券违约处置的主要方式，并对历史上曾经采用，但现在由于各种原因不再使用或较少使用的非常规处置方式进行分析。本章为后续章节提供了理论依据，也为下文深入研究主权债券违约处置法律制度找好切入点。

第 3 章主权债券重组的合同约束方法。目前主权债券发生违约后最重要的解决方式是由债务国与债权人协商进行主权债券重组，主权债券重组的合同约束方法现阶段已在实践中被广泛应用于规范主权债券重组。本章首先对主权债券重组的合同约束方法进行总体研究，随后对集体行动条款这一最重要的合同约束方法进行分析，接下来对 2012 年希腊主权债务重组以及 2000 年厄瓜多尔主权债券重组的实践展开研究，最后从法律角度对主权债券重组的合同约束方法提出具体建议。

第 4 章主权债券重组的法律规制方法。除了目前在实践中已经得到应用的合同约束方法，法律规制方法在理论上是调整规范主权债券重组的另外一种选择。尽管主权债券重组的法律规制方法目前还未付之于实践，但是相关理论研究一直不断深入。特别是欧洲主权债务危机爆发后，合同约束方法暴露出的问题再次引发了关于合同约束方法和法律规制方法的讨论，国际社会开始检讨合同约束方法的不足，并重新审视运用法律规制方法规范主权债券重组的可能。本章对主权债券重组的法律规制方法进行系统研究，着重分析了在法律规制方法中占有重要地位的主权债务重组机制（SDRM），并对法律规制方法的最新发展趋势进行展望，最后从法律角度对运用法律规制方法处置主权债券重组提出建议。

第 5 章主权债券违约诉讼制度。主权债券发生违约后，对于债权人而言通常有两种选择：一是与债务国协商进行主权债券重组，这意味着债务需要进行减免；二是向有管辖权的法院提起主权债券违约诉讼，要求债务国全额清偿债券本息。理论上债权人可以不接受重组而是依据主权债券合同的争议解决条款向债务国提起诉讼追索债权。但是由于主权国家无法像公司一样破产，并且对国家进行诉讼的难度大、专业性强，一直以来接受重组是多数债务人的优先选择，诉讼只被视为替代性的解决方式。自 20

世纪 80 年代起，主权债券违约诉讼案件的数量出现明显上升，对主权债券重组产生的影响日益增大。本章以主权债券违约诉讼为研究主题，研究了主权债券违约诉讼的可行性、法院判决的可执行性以及主权债券违约诉讼的发展趋势，随后对阿根廷主权债券重组过程中发生的著名诉讼案例进行分析，进而对主权债券违约诉讼进行全面评价，最后在总结前文基础上对如何使主权债券违约诉讼发挥效率提出建议。

第 6 章主权债券违约的国际官方救助制度。主权债券违约的有效解决不仅依赖债务国与债权人通过协商对现有债务实施重组，有时债务国还会需要得到新的资金以协助其从根本上改善财政状况、调整经济结构并恢复债务可持续性。然而债务国发生违约后很难再通过资本市场筹集资金，即便有可能得到新资金也必须支付极高的融资成本，此时可行的外部资金来源是由相关国际组织或国家向债务国提供国际官方救助。国际货币基金组织（IMF）在国际官方救助领域一直处于主导地位，因此本章主要结合国际官方救助领域最具代表性的 IMF 救助机制来研究国际官方救助制度。本章首先对 IMF 救助机制进行系统研究，随后对国际官方救助制度存在的主要法律问题进行分析，最后从法律角度提出对于主权债券违约国际官方救助制度的建议。

第 7 章中国应对主权债券违约的策略。本章在分析中国主权债券市场概况以及中国对主权债券违约问题基本立场定位的基础之上，从我国的国家利益角度出发针对如何应对解决主权债券违约问题提出建议。

第 8 章结论。在总结前述章节研究成果基础上提出了本书的主要研究结论。

1.5　研究方法和创新之处

1.5.1　研究方法

围绕着主权债券违约处置法律制度这一研究主题，本书采用以下研究方法。

1.5.1.1 相关理论借鉴方法

研究主权债券违约处置法律制度必须理论先行。国内外学者的现有研究已经取得了很多有价值的成果，学习借鉴这些研究成果可以使自己站在一个更高的起点上审视主权债券违约处置的问题，将研究向前推进一步。本书运用了相关理论借鉴方法，比如在第 4 章"主权债券重组的法律规制方法"中借鉴国内破产法的破产重整法律制度来类比研究主权债券重组的法律规制方法，在第 6 章"主权债券违约的国际官方救助制度"中借鉴了美国破产法第 11 章中的占有债务人融资制度（Debtor – in – Possession Financing）的基本原理来研究分析 IMF 救助贷款优先权的法律依据。

1.5.1.2 综合比较的方法

综合比较的方法是把客观事物加以比较，从而认识事物的本质和规律，并作出正确的评价。本书在研究过程中注重使用综合比较的方法：第 3 章"主权债券重组的合同约束方法"运用综合比较的研究方法对集体行动条款在英国和美国不同的产生背景进行了对比分析，从而揭示了两国对于是否使用集体行动条款这一问题背后的利益权衡；第 4 章"主权债券重组的法律规制方法"对法律规制方法不同理论观点进行了综合比较，分析不同理论观点具体内容上的差异所反映对法律规制方法可操作性和实施效果之间的权衡取舍；第 5 章"主权债券违约诉讼制度"在研究主权债券违约诉讼的发展趋势时，对美国法院和英国法院有关公司债券中集体行动条款的司法判例进行综合比较，从而对未来由主权债券中集体行动条款引起的诉讼进行展望。此外，第 3 章至第 6 章研究主权债券违约处置法律制度的具体问题时，通过运用综合比较的研究方法将不同的理论或建议进行对比，使研究结论更加具有参考价值。

1.5.1.3 历史分析方法

历史分析方法是运用发展、变化的观点分析客观事物和社会现象的方法，该研究方法的目的在于弄清楚事物在发生和发展过程中的来龙去脉，从中发现问题，启发思考，以便认识现状和推断未来。第 3 章"主权债券重组的合同约束方法"中运用历史分析方法研究了集体行动条款类型的

演变，第 6 章"主权债券违约的国际官方救助制度"运用历史分析方法
研究了 IMF 救助机制的演变，从而为深入分析主权债券违约处置法律制
度的现状以及展望主权债券违约处置法律制度的发展趋势奠定了基础。

1.5.1.4 实证研究方法

理论研究离不开对实践的把握，本书对主权债券违约处置法律制度进
行理论研究的同时，注重结合实证分析去分析解决处置主权债券违约的实
际问题，使研究建立在一定的实际意义基础之上。第 3 章"主权债券重组
的合同约束方法"运用实证研究方法选取了主权债券重组领域最具代表
性的 2012 年希腊主权债务重组以及 2000 年厄瓜多尔主权债券重组作为案
例进行实证分析，进而研究合同约束方法的优势和不足，证明解决主权债
券违约不能在任何时候都完全依赖于主权债券重组，更不能完全依靠以集
体行动条款为代表的合同约束方法，理想的方式是多种法律机制统筹协调
共同发挥作用。第 5 章"主权债券违约诉讼制度"在分析主权债券违约
诉讼的现状和发展趋势时，运用实证研究方法对 NML Capital Ltd. 诉阿根
廷共和国案、Elliott Assocs, L. P. 诉 Banco de la Nacion 案以及阿根廷共和
国诉 Weltover, Inc. 案等若干重要主权债券违约诉讼案例进行了研究，对
于上述案例的实证分析使文章的论点更具有说服力。

1.5.2 创新之处

在主权债务领域法律问题的现有研究中，有关主权债券违约处置的研
究还不是重点，专门针对主权债券违约处置法律制度的研究更是较少。本
书主要从以下几方面进行创新。

1.5.2.1 选题方面的创新

本书专门对主权债券违约处置法律制度进行研究，这是选题方面的创
新。目前从经济学角度对主权债务违约问题展开的研究较多，主要研究方
向是探讨主权债务违约的原因、影响、启示以及如何事先预防主权债务违
约，研究如何事后处置已经实际发生的主权债务违约相对较少，专门从法
律角度系统研究主权债券违约处置问题的文献更是少见。主权债券和主权
贷款是主权债务最主要的两种形式，上述两种形式的主权债务性质和特点

各有不同，由此导致二者发生违约后的处置措施存在很大不同。法学方面的文献基本都是概括性总体研究主权债务违约，缺少进一步专门针对主权债券违约问题进行的研究。本书注意到主权债券与主权贷款在违约处置方面的不同，由此进一步细化缩小研究对象，专门研究主权债券的违约处置法律制度，进一步增强了研究的针对性，使对主权债券违约问题的法律角度研究更加深入具体。本书是全面深入探讨主权债券违约处置法律制度的大胆尝试，也丰富了对主权债务违约问题的研究。

1.5.2.2 较为独特的研究视角

现有的文献在研究主权债券违约问题时多数是从主权债券重组角度研究如何解决主权债券违约问题。虽然也有少量文献从其他角度入手研究主权债券违约，不过基本也都是从某个单一的视角进行，缺乏对此问题全面系统的研究。与此前不同，本书没有局限于常规思路和视角，从主权债券重组的合同约束方法，主权债券重组的法律规制方法，主权债券违约诉讼制度以及国际官方救助制度几个方面全方位多视角展开讨论，使全书对主权债券违约处置法律制度的研究更加系统全面。

1.5.2.3 更具可操作性的建议

现阶段主权债券违约处置法律制度尚不完善，本书在对主权债券违约处置法律制度进行深入理论研究的基础上，力求注重理论与实践相结合。本书在对每个具体分项问题进行研究时，都会针对该项主权债券违约处置的具体法律制度提出针对性的建议。比如，第 3 章 "主权债券重组的合同约束方法" 经过系统研究后建议合同约束方法应进一步采取相应措施保护债权人利益，并建议主权债券市场统一推广使用分批次式集体行动条款和两分支集体行动条款以及慎重使用单分支集体行动条款，对于上述两条建议又都给出了更为具体的措施和分析。

1.5.2.4 对主权债券违约诉讼更深入的认识

与实施主权债券重组和国际官方救助制度相比，债权人通过诉讼向债务国追索债权的实际案例较少，直至 2000 年以后秃鹫基金逐步涉足主权债券不良资产领域，主权债券违约诉讼问题才日趋引起国际社会关注。目前关于主权债券违约诉讼问题的研究并不深入，学术界大多对主权债券违约诉讼持否定态度，有的甚至主张采取措施彻底消灭主权债券违约诉讼。第5章"主权债券违约诉讼制度"是全书的难点和重点，对主权债券违约诉讼进行了更为全面客观的评价，特别注意分析了主权债券违约诉讼对主权债券违约处置的积极意义，认为主权债券违约诉讼有助于维护债务国与债权人之间、多数债权人与少数债权人之间的利益平衡。本书认为，主权债券违约诉讼在主权债券违约处置法律体系中扮演着十分独特的角色，可以成为对主权债券重组制度的有益补充，它的积极作用不应当被忽视，而其消极作用可以通过完善相关法律制度进行规范和限制，彻底消除主权债券违约诉讼的观点并不现实，可行的做法是对主权债券违约诉讼进行调整规范，使其在主权债券重组框架体系内扬长避短发挥效率。为此，本书基于对主权债券违约诉讼现状和发展趋势的分析从国际法和国内法两个层面对如何调整规范主权债券违约诉讼给出具体建议。本书对主权债券违约诉讼问题的讨论有助于进一步丰富和完善对主权债券违约处置法律制度的研究工作。

主权债券违约处置理论概述

主权国家出于各种目的经常会对外从事商业活动，其中发行主权债券进行融资就是常见的情形。目前无论是理论界还是实务界对一国发行主权债券属于商业行为基本没有异议。①现实中各国普遍都会采取完全商业化的模式在资本市场公开发行主权债券。主权债券在发行、流通以及偿还等环节与其他债券品种并无明显不同。不过主权国家毕竟是一种特殊类型的债务人，主权债券发生违约后的违约处置方式与其他普通债券相比存在着很大差异。本章主要对与主权债券违约处置有关的基础性理论问题进行概述，为下文深入研究主权债券违约处置法律制度提供必要的理论基础。

2.1 相关概念的辨析

主权债务（Sovereign Debt），又称国家债务，是指一国政府或其授权部门代表国家举借的、以国家信用保证偿还的债务。②依据不同的标准，可以对主权债务进行不同的分类。比如，按偿还期限进行划分，主权债务可以分为短期主权债务、中期主权债务和长期主权债务；按发行地域进行划分，主权债务可分为主权内债和主权外债。③按照债务工具类型的不同，主权债务可以划分为主权债券（Sovereign Bond）和主权贷款（Sovereign Loan），主权债券是指由一国政府或其中央银行发行或担保的债券，主权贷款则是指一国政府筹措或担保的商业银行等金融机构的贷款。④此外，不同分类标准之间还可以相互结合、交叉使用进行进一步分类。比如，将债务工具类型和偿还期限相结合作为分类标准，主权债务可以分为主权债券和主权贷款，而主权债券又可进一步细分为短期主权债券、中期主权债

① 对于主权国家发行债券的行为属于商业行为，下文"主权债券违约诉讼制度"一章中有详细论述。
② 张虹：《主权债务重组法律问题研究》，北京，中国人民大学出版社，2007。
③ 张国武：《主权债务重组问题研究》，西南财经大学博士论文，2013。
④ 同注释②。

券和长期主权债券，主权贷款则可进一步细分为短期主权贷款、中期主权贷款和长期主权贷款。

对于主权债务和主权债券的概念以及分类，学术界不存在太大的争议。但是当采用不同的标准进行分类时，主权债务的具体范围可能会出现一定差异，进而使主权债券的具体范围也会随之出现变化。因此，有必要在此先对书中所使用的主权债务、主权债券等相关概念予以辨析，从而明确全书的研究对象，避免在研究过程中产生歧义。

按照法律义务的明确程度来划分，主权债务可以分为显性主权债务和隐性主权债务。显性主权债务是指由法律或债权债务合同作出明确规定必须由政府承担的债务；隐性债务是指并未以法律或合同作出明确规定，但政府出于道义责任必须出面进行的救助，比如社会保障、金融机构的呆坏账等。①本书是从法律角度进行的研究，故当提及主权债务时，如没有特别说明，则是指依据法律或合同作出了明确规定的显性主权债务，而不包括政府出于公众期望或者政治压力等原因去承担的隐性主权债务。

按照是否一定承担债务来划分，主权债务可以分为直接主权债务和或有主权债务。直接债务是在任何条件下都确定由政府承担的债务，或有债务是指在特定事件发生后才由政府承担的债务，比如由政府担保的债务。②或有主权债务可能发生，也可能不发生，如果考虑或有主权债务，主权债务的借款方将不仅限于主权国家，还包含由主权国家提供担保的其他各种类型机构，例如国有企业、金融机构甚至是私人企业。本书中的主权债务如果没有特别说明均是指直接主权债务，不包括或有主权债务；相应的书中的主权债券是指由主权国家或其中央银行直接发行的债券，而不包括由主权国家担保的债券。

按照行政层级来划分，主权债务可以分为中央政府债务和地方政府债务。③在此种分类方式下，主权债务是一种广义的概念，不仅包括传统意义上由中央政府举借的债务，而且也涵盖了由地方政府举借的债务。依据

---

① 史亚荣：《主权债务问题研究》，兰州，兰州大学出版社，2013。

② 同注释①。

③ 同注释①。

这一标准，主权债券也可进一步划分为中央政府债券和地方政府债券。本书采用狭义的主权债务概念，如果没有特别说明提及主权债务时仅指中央政府债务，不包括地方政府债务；相应本书中的主权债券也仅是指由一国中央政府或其中央银行发行的债券，不包括由地方政府发行的债券。

综合以上辨析，本书研究的主权债券是常规意义上的主权债券，即显性的、直接的、中央政府债券，而不包括广义上由中央政府提供担保的债券以及由地方政府发行的地方政府债券；本书所探讨的主权债务是指传统意义上的主权债务，即显性的、直接的、中央政府债务，而不包括广义上的各种隐性主权债务、或有主权债务和地方政府债务。一般在考察政府债务状况时，只考察显性的直接债务，而不包括各种隐性债务和或有债务。① 本书即是采用此种通行的观点确定了主权债券和主权债务的具体范围。

除此之外，在此还有必要对主权债券违约的概念加以辨析。首先，本书中的主权债券违约是指发行主权债券的债务国发生违约。当然投资购买主权债券的债权人在理论上也有可能发生违约，不过一来主权债券融资文件中约定的合同义务几乎全部是针对债务国，二来债权人在支付购买主权债券的资金后基本就不再承担任何合同义务，现实中债权人违约的情况极为少见，因此书中的主权债券违约不讨论债权人违约的特殊情形。其次，本书的主权债券违约不仅包括债务国未按合同约定偿还债券的本金和利息，而且还包括债务国未实际履行主权债券合同约定的其他合同义务。从法律角度讲，债务国未偿还债券的本息（债务逾期）是最重要也是最常见的违约事件，但是除此之外主权债券合同普遍都还会规定其他一系列违约事件，包括但不限于债务国的信用评级被降至某一等级，债务国的外债总规模超出一定限额，债务国未能履行融资文件项下的其他义务，债务国发生了任何可能阻碍合同顺利执行的重大不利情形等。② 主权债券合同中

---

① 刘成：《政府的隐性债务、或有债务风险与国债政策的可持续性》，载《经济参考研究》，2002（60）。

② 对于非债务逾期类的违约，主权债券合同通常都会给予债务国进行补救的机会，即在此类违约事件发生后的一定期限（宽限期）内，如果债务国能够及时采取补救措施消除该违约事件则不构成主权债券违约。如果宽限期过后债务国仍未妥善进行补救，往往预示着债务国的偿债能力已经出现问题，无法偿还债券本息通常将是不可避免的。

约定上述违约事件的目的是能使债权人在债务国履约能力已经恶化但尚未发生债务逾期时就有权尽早主动采取违约救济措施，而不必等到债务国实际发生债务逾期后再被动应对。因此，在法律意义上，主权债券违约虽然主要是指债务国没有按照合同约定偿还债券本金和利息，但同时也还包括了债务国虽未实际发生债务逾期，但偿债能力已严重恶化并且发生了主权债券合同约定的其他违约事件。

2.2　主权债券违约处置的主要方式

本节主要对当前主权债券违约处置的主要方式进行讨论。

2.2.1　主权债券违约处置的现状分析

对于由公司企业等非主权债务人发行的债券，债权人在合同项下的权利通常会受到法律充分保护，如果债券发行人违约，债权人可依法采取有效的违约救济措施。首先，债券合同一般都约定了法律适用条款和争议解决条款，债权人可以向有管辖权的法院提起诉讼（或依据仲裁条款申请仲裁）要求债券发行人按合同约定履行还本付息义务。其次，如果法院作出生效判决（或仲裁机构作出仲裁裁决）后债券发行人仍然不自觉履行该判决（或仲裁裁决），那么债权人可以向债券发行人财产所在地的法院申请强制执行其财产。最后，如果债券发行人的特定财产被强制执行后仍不足以清偿全部债务，债权人还可以根据相关国家的破产法申请对债券发行人进入破产程序，将债券发行人的破产财产依法分配给各债权人。

然而对于主权债券来讲，以上救济措施或是实际效果不甚理想或是根本不可行。虽然主权债券合同和其他债券合同一样也都规定了法律适用条款和争议解决条款，但是现阶段对主权债券进行违约救济的难度依然很大。首先，国家依据国际法享有主权豁免。根据目前已得到世界多数国家普遍承认的有限主权豁免的理论和实践，主权债券发生违约后债权人通过诉讼取得胜诉判决并无太大难度，但是如果债务国拒绝履行判决则债权人很难有效强制执行债务国的国家财产。①其次，主权国家不受任何一国国内破产法的管辖，而且依据国际法的国家主权原则，即便主权债券出现偿付困难也不能去直接强制剥夺和分配债务国的国家财产用于偿债，因此作为债务人身份的主权国家并不能像公司、企业等普通民商事主体一样被强行破产清算。②总之，由于国家享有主权豁免并且无法对其进行破产清算，债权人仅仅依靠诉讼手段很难保证及时有效处置主权债券违约，或者需要付出很大代价才有可能成功追索债务。

经过长期实践，目前主权债券领域已形成自身特有的违约处置方式，这与主权债券的自身特点密切相关。首先，债务国和债权人无疑是主权债券违约处置问题的直接当事方。当享有主权豁免的债务国确已丧失完全清偿债务的能力时，如果债权人考虑适当妥协，同意以牺牲一部分自身利益为代价削减债务就可以换取债务国的总体债务负担得到减轻，从而使债务国有能力继续偿还削减后的债务。其次，主权债券违约不同于一般的合同违约，其影响力往往不仅局限在债务国和债权人之间，还有可能波及债务国的其他债权人，甚至影响债务国周边国家和地区的金融稳定。交叉违约条款是主权债券合同的通行格式条款，当债务国在一笔主权债券项下发生违约，债务国其他融资类合同中的交叉违约条款就会被同时触发，从而可能使债务国发生大范围债务违约。③ 也就是说，一笔主权债券违约处置不当就有可能引发连锁反应，使债务国全面陷入危机，进而危及周边国家和地区。因此主权债券违约处置问题已不再单纯只是债务国与其债权人之间

---

① 关于债权人进行主权债券违约诉讼的可行性以及胜诉判决难以得到执行的问题，下文"主权债券违约诉讼制度"一章有详述。

② 目前理论界有学者提出了国家破产的概念，一些媒体报道中也出现了国家破产的说法，这其实都是指有关主权债务重组方面的法律制度，并不是真的说国家可以像公司一样破产清算。对此问题下文"主权债券重组的法律规制方法"一章有详述。

③ 交叉违约条款（Cross Default Clause）是很多融资类合同的标准条款。具体内容是规定如果债务人在其他合同项下发生违约，那么这一违约将同时构成债务人在本合同项下的违约。交叉违约条款的目的在于保护债权人利益，使其在债务人履约能力下降时有权尽早采取补救措施，通常合同当事方会对触发交叉违约条款的其他合同的范围和金额加以限制。

的纠纷，某些情况下有关国际组织和其他国家作为利益相关方也会考虑为违约债务国提供救助，以便帮助其妥善解决主权债券违约，避免酿成更大范围的危机。最后，主权债券的债权人数量众多且分布在不同国家分属不同行业，确保所有债权人在主权债券违约处置问题上协调一致、集体行动难度非常大，现实中各债权人很可能对债务削减幅度和方式存在不同意见。目前主权债券合同文件一般都约定将诉讼作为争议解决方式，尽管向违约债务国提起诉讼通常会耗费较长时间和高昂费用并且难以保证收到成效，但是现实中还是有少数风险承受能力强、经济实力雄厚的债权人可能会选择以诉讼方式主张权利。

正是在上述背景下，形成了三种主权债券违约处置的基本方式：一是内部自救（Bail-in），即债务国与债权人之间通过协商削减主权债券本金、降低债券利率以及调整还本付息期限，这些手段通常被统称为主权债券重组；二是外部救助（Bail-out），即由利益相关的第三方为违约债务国提供新的外部救助资金，从而帮助债务国恢复债务可持续性，这种方式通常被称为主权债券违约的国际官方救助；三是诉讼，即少数拒绝参与主权债券重组的债权人单独对违约债务国提起诉讼主张权利，这种方式通常被称为主权债券违约诉讼。总之，主权债券重组制度、主权债券违约诉讼制度以及主权债券违约的国际官方救助制度共同构成了当前主权债券违约处置的主要方式。

2.2.2　主权债券重组制度的重要作用

在主权债券违约处置的主要方式中，主权债券重组制度无疑是最重要的方式。主权债券违约处置的过程可能不一定涉及国际官方救助和主权债券违约诉讼，但多数情况都会实施主权债券重组，可以说主权债券重组制度在主权债券违约处置体系中发挥着重要的作用。

2.2.2.1　主权债券重组广泛使用的原因

对于债权人来说，由于没有更加有效的解决方式，发生主权债券违约后，多数债权人从自身经济利益考虑会选择与债务国协商实施主权债券重组来处置主权债券违约。主权债券重组虽然使债权人蒙受了一定的

经济损失，但是债务国的总体债务负担会得到减轻，从而为债务国赢得
喘息空间以恢复经济增长，避免因财政状况不断恶化而彻底丧失偿债能
力。成功的主权债券重组可以帮助债权人收回部分资金，这毕竟要好过
债务国无法偿还全部债务。从这个角度看，如果债务国确已丧失完全偿
付债务的能力，选择实施主权债券重组可以让债权人免予蒙受更大的经
济损失。

对于债务国来说，主权国家的特殊身份并不能使其在主权债券违约处
置问题上完全占据主动。当前世界各国普遍都需要通过资本市场发行主权
债券才能满足本国在基础设施建设、社会公共服务等领域的大规模资金需
求，也只有依靠资本市场不断发行债券进行再融资才能用筹集到的新资金
来偿还即将到期的债务，从而维持本国债务的可持续性。但如果债务国在
主权债券违约后一味地单方面拒绝偿债，而且不与债权人协商妥善处置违
约，那么市场信心必将受到重大打击，债务国的主权评级随之遭遇下调，
融资成本大幅度提升，资本市场甚至会对其关闭大门，进而有可能使债务
国因失去融资渠道而发生财政困难和经济衰退。再加上近年来债权人通过
诉讼等其他方式迫使债务国清偿债务的情况开始逐渐增多，债务国在发生
主权债券违约后为了能在日后尽早重返资本市场获得新融资，一般也都会
积极考虑与债权人进行主权债券重组谈判。

综上分析，主权债券重组在总体上符合债务国和债权人的共同利益，
因此当发生主权债券违约时，债务国和多数债权人从自身利益出发通常都
会倾向通过主权债券重组处置主权债券违约，主权债券重组也就成为现阶
段主权债券违约处置的最重要方式。

2.2.2.2 规范主权债券重组的方法

正是由于主权债券重组制度的重要作用和地位，国际组织、各国政
府、学术团体和专家学者一直在研究探讨通过一定的方法来规范主权债券
重组，以便实现有效处置主权债券违约。总体而言，规范主权债券重组的
方法可分为两类：一是主权债券重组的合同约束方法（Contractual Ap-

proach）；^①二是主权债券重组的法律规制方法（Statutory Approach）。^②

合同约束方法也称自愿方法，主张通过在债券合同文件中事先约定特定的合同条款以便解决日后可能发生的主权债券重组问题，最具代表性的合同约束方法是目前已经得到广泛使用的集体行动条款。法律规制方法也称基于条约的方法，主张通过缔结条约建立与国内破产法相类似的、统一的主权债券重组法律框架，最具代表性的法律规制方法是曾由国际货币基金组织倡导的主权债务重组机制。合同约束方法和法律规制方法各有利弊。合同约束方法的可操作性强，不需各国承担国际义务或让渡主权，仅涉及对债券合同条款的修改完善工作，更容易为各方所接受；但合同约束方法以当事方的自愿为基础，在强制性和效果方面有所欠缺。法律规制方法旨在针对主权债券重组建立可以约束债务国和全体债权人的国际法框架，一旦建立实施效果会更好；但是法律规制方法的缺陷在于实现起来的难度和阻力较大。

理论界和实务界对采用合同约束方法还是法律规制方法来规范主权债券重组的讨论一直持续到现在。目前合同约束方法凭借其便于实施的优势为各方所接受，以集体行动条款为代表的合同约束方法在实践中已得到广泛应用。但是法律规制方法也并未就此被放弃，学术界对法律规制方法的理论研究一直继续，特别是欧洲主权债务危机爆发以后，国际社会开始反思合同约束方法存在的不足，并更加注重探讨考虑运用法律规制方法来规范主权债券重组的可能性。总之，主权债券重组的合同约束方法是现行规

<hr>

① 当前国内学术界特别是从法律角度对主权债券违约问题的研究较少，对于该领域的关键词汇尚未形成普遍认可的统一翻译。目前相关国内研究多将"Contractual Approach"按字面意思直译为"合同方法"。本书认为，根据"Contractual Approach"的内涵将其意译为"合同约束方法"更为恰当。"合同约束方法"更能准确传达出"Contractual Approach"实质上是由主权债券合同当事方通过特定的合同条款来约束日后可能发生的主权债券重组。总之本书所使用的"合同约束方法"即指"Contractual Approach"。

② 国内学术界对"Statutory Approach"的翻译更加不统一，有的将其译为"法定方法"（如张虹：《主权债务重组法律问题研究》，北京，中国人民大学出版社，2007）。有的将其译为"司法方法"（如董琳琳：《国家主权债务重组法律问题研究》，华东政法大学硕士论文，2010）。本书认为，将"Statutory Approach"译为"法律规制方法"更能准确地反映这一方法旨在通过缔结条约建立主权债券重组法律制度从而规制主权债券重组。本书中使用的"法律规制方法"即指"Statutory Approach"。

范主权债券重组的重要方法，而主权债券重组的法律规制方法代表了在规范主权债券重组问题上未来一种可能的发展方向。

2.3 历史上曾采用的主权债券违约处置方式

回顾历史，当发生主权债券违约时，除了通过上文提到的几种主要方式进行处置外，还曾经出现过其他的违约处置方式。本节主要研究历史上曾经采用，但是现在由于各种原因不再使用或者较少使用的违约处置方式，讨论这些违约处置方式不再得到广泛使用的原因，并对重新采用这些方式处置主权债券违约的可能性加以分析。

2.3.1 武力解决

历史上曾经出现过一国为了维护本国债权人的利益而直接使用武力处置主权债券违约。例如，1861 年 6 月，墨西哥总统胡亚雷斯宣布中止支付主权债券在内的全部主权债务利息；1862 年，法国、西班牙和英国发动了联合军事干预迫使墨西哥偿债；1864 年，法国将马西米连诺扶持为墨西哥皇帝，随后墨西哥签署了很多求偿公约，同意以裁判的方式解决主权债务求偿问题。①再如，1902 年，德国、英国和意大利三国为帮助本国债权人收回违约的委内瑞拉主权债券，轰炸并封锁了委内瑞拉港口，击沉三艘委内瑞拉军舰，并接管该国海关大楼，在随后进行的外交谈判中，委内瑞拉对以上三国的债权与其他国家的债权进行了区分，并保证以两个港口的关税收入作为担保优先清偿这三个国家的债权人，这一安排也得到了

---

① ［奥］迈克·瓦博：《国际法视角下的主权债务违约》，郭华春译，北京，法律出版社，2013。

随后进行的国际仲裁的支持。①

一国通过武力协助本国债权人解决主权债务违约的实践并没有持续下去。当1902年英、德、意三国使用武力解决委内瑞拉主权债券违约后，阿根廷外交部长路易斯·马丽亚·德拉戈（Luis María Drago）于当年12月向美国发出照会，提出任何国家包括美国在内都不能使用武力向拉美国家追索债务。②此后，德拉戈还于1907年专门发表论文，指出使用武力追索主权债务是不正当的外交政策，并且违反了国际法。③德拉戈提出的这一主张后来被称为德拉戈主义（Drago Doctrine）。

最初欧洲国家对禁止使用武力解决主权债务违约有所顾虑，担心这样会助长债务国逃避偿债义务，但是出于维护世界和平和国际经济秩序的考虑，禁止使用武力解决主权债务违约的立场还是在国际法层面开始得到确认。1907年，第二次海牙和平会议期间德拉戈的主张成为重要议题之一，最终各国缔结的和平解决国际争端类公约中就包含了旨在避免因主权债务问题引发各国军事冲突的《关于限制使用武力收回合同债务的公约》（1907年海牙第二公约）。该公约禁止缔约国使用武力收回合同债务，除非债务国拒绝进行仲裁，或者开始仲裁程序后阻碍达成协议，再或者没有履行仲裁裁决。④依据1907年海牙第二公约，仲裁成为当时主权债务违约的优先处置方式，不过该公约并没有绝对禁止使用武力，只是限制各国使用武力处置主权债务违约，即国家在诉诸武力前必须运用仲裁的方式，另外国家与国家之间的主权债务也不属于该公约的调整范围，所以理论上使用武力仍然是处置主权债券违约的补充方式。尽管如此，1907年海牙第二公约在主权债券违约处置法律制度的发展史上仍具有非常重要的意义，

---

① Michael Silagi, *Preferential Claim Against Venezuela Arbitration*, 2 Encyclopedia of Public International Law 234, 234 (1981); Protocol Between Germany and Venezuela Relating To the Settlement of German Claims.

② Luis María Drago, *Note of Senior Minister of Foreign Relations of the Argentine Republic To the Minister of the Argentine Republic To the United States* (1902).

③ Luis María Drago, *State Loans In Their Relation To International Policy*, 1 American Journal of International Law 692, 726 (1907).

④ Convention Respecting the Limitation of the Employment of Force for Recovery of Contract Debts (1907).

自此之后，诉诸武力解决主权债券违约开始受到国际法的明确限制和
约束。

在当前国际法体系下，为了维护世界的和平与安全，使用武力处置主
权债券违约受到国际社会的明确禁止。第二次世界大战后，禁止使用武力
或武力威胁原则以及和平解决国际争端原则已经成为国际法的基本原
则。①《联合国宪章》第二条第四项规定，各会员国在其国际关系上不得
使用威胁或武力，或以与联合国宗旨不符之任何其他方法，侵害任何会员
国或国家之领土完整或政治独立。可见使用武力已不再是可行的主权债券
违约处置方式。

2.3.2 外交途径

主权债券违约发生后，债权人的母国政府有时可能会通过外交途径就
保护本国债权人利益问题与债务国进行协商或者向债务国施加外交压力。
不过各国对于为本国的债权人提供外交保护一般都会表现得较为克制，尽
量避免将债权人与债务国之间的经济纠纷上升为两国之间的外交关系问
题。只有当保护本国债权人的利益与本国更大的政治经济目标相一致时，
一国政府才有可能把主权债券违约处置问题提升到通过外交途径解决的层
面。从历史上看，在回应主权债券违约时，债权人母国通常满足于扮演辅
助性的角色，相反它们鼓励债券持有人组织在同违约主权债务国谈判时挑
大梁。②就当前形势来看，一国政府出面通过外交途径与违约债务国进行
谈判的情况就更少。一方面，主权债券市场已高度商业化，主权债券违约
处置同样呈现明显的市场化趋势，因而更适宜由当事方自行处理而不是由
债权人母国政府进行外交干预；另一方面，主权债券市场的高度发展使主
权债券的流通性强、换手率高，主权债券投资者的国籍处于不断变化中，
而且现阶段通过二级市场交易有意临时改变表面持有主权债券的债权人身
份非常简单，债权人的国籍很容易就能够进行人为变动，即便一国政府有

---

① 王铁崖：《国际法》，北京，法律出版社，2005。
② ［奥］迈克·瓦博：《国际法视角下的主权债务违约》，郭华春译，北京，法律出版社，2013。

意实施外交干预也很难对本国债权人持有违约主权债券的真实规模作出准确判断。

不过也应当注意到，目前外交方式有时还会继续应用于处置主权债券违约。比如，2001 年阿根廷宣布对总规模 812 亿美元的主权债券违约，其中意大利国籍的债权人持有约 80 亿美元阿根廷主权债券，在 2006 年联合国大会会议期间，意大利总理普罗迪就解决本国债权人求偿问题与阿根廷总统基什内尔进行了会谈。[1]但是当前一国政府展开的外交磋商对于主权债券违约处置只能发挥辅助性作用，无法从根本上成为有效处置主权债券违约的主要方式。

近期以外交方式处置主权债券违约最重要的实践当属联合国安理会在相关决议中对伊拉克主权债务问题作出的安排。2003 年 3 月，以美英为首的联合部队对伊拉克采取军事行动，萨达姆政权随即倒台。2003 年 5月，联合国安理会通过了第 1483（2003）号决议，其中呼吁包括巴黎俱乐部内的各债权人寻求办法解决伊拉克的主权债务问题。[2]最为重要的是，为了避免债权人因主权债务违约对伊拉克提起诉讼并申请执行伊拉克的国家财产，第 1483（2003）号第 22 段明确要求各国在一定期限内对伊拉克政府最重要的石油天然气收入来源免予司法诉讼，并确保上述收入来源在各国不受任何形式的查封、扣押或执行。[3]以上处置伊拉克违约主权债务的实践属于通过外交途径解决主权债务违约，但又与传统意义上的外交途

① Michael Waibel, Sovereign Defaults Before International Courts and Tribunals 40（1st ed. 2011）.

② UN Security Council, *Resolution 1483（2003）Adopted By the Security Council At Its 4761st Meeting*, United Nations（17 January 2016），http：//www. un. org/en/ga/search/view_ doc. asp？symbol = S/RES/1483.

③ 联合国安理会第 1483（2003）号决议第 22 段原文如下："注意到建立一个得到国际承认的有代表性的伊拉克政府的意义，以及通过上文第 15 段所述程序迅速完成伊拉克债务结构调整的益处，还决定，在 2007 年 12 月 31 日之前，除非安理会另有决定，原产于伊拉克的石油、石油产品和天然气在所有权尚未过户给原购买者之前，均应免予针对其提出的司法诉讼，不受任何形式的查封、扣押或执行，所有国家均应在本国法律制度下采取任何必要步骤来确保提供这种保护，凡出售上述物资所得收入和产生的债务以及伊拉克发展基金均应享受与联合国同等的特权和豁免，但是，对于必须用这些收入或债务为在本决议通过之日以后发生的生态事故、包括漏油事故的估计损害履行赔偿责任的任何法律诉讼，不适用上述特权和豁免。"第 1483（2003）号决议中规定的豁免期限后又被安理会第1905（2009）号决议和第 1956（2010）号决议延长，最终于 2011 年 6 月终止。

径有所不同。首先，传统的外交途径是由一国政府为本国债权人利益出面与债务国进行交涉，而此次则是在联合国这一多边国际平台进行的外交磋商；其次，以往外交途径只能对债务国施加一定影响和压力并不具有法律约束力，而此次联合国安理会通过的决议则具有约束力，联合国会员国承担在本国法律制度下采取措施使伊拉克的石油和天然气收入来源得到豁免的国际法义务。联合国安理会的上述实践虽然法律效果直接明显，但这只是防止债务国财政状况进一步恶化的临时性安排，并非旨在从根本上处置主权债务违约问题，而且这种方式也只能是针对个别国家的特殊安排，无法普遍适用于解决所有的主权债券违约。

总之，通过外交途径处置主权债券违约虽然现在偶尔仍被使用，但是此种方式最多只是处置主权债券违约的辅助方式。

2.3.3 债权人协调组织

为协调数量众多的债权人共同应对处置主权债券违约，很早之前便出现通过成立债权人之间的协调组织来处置主权债券违约。最早产生的债权人协调组织是临时性的债权人委员会，不过债权人委员会已被事实证明在效率上存在缺陷。首先，债权人委员会是临时性组织，在专业技能和经验方面有所欠缺；其次，债权人委员会内部缺少有效的手段对债权人进行协调；最后，有时会出现不同的债权人委员会之间相互竞争的情况。根据学者统计，在1870年以前通过成立债权人委员会的方式来处置主权债券违约平均需要花费十四年的时间。[①]这也充分说明单纯依靠临时性质的债权人委员会很难有效处置主权债券违约。

在临时性债权人委员会之后，历史上又出现了常设性质的债权人协调组织——债券持有人协会。债券持有人协会是持有外国主权债券的一国投资者所成立的常设性组织。债券持有人协会平时为本国的债权人提供债务国相关信息，当外国政府发行的主权债券违约后，债券持有人协会将协调本国债权人与债务国协商处置主权债券违约。债券持有人协会在组织形式

---

① Christian Suter, Debt Cycles in the World – Economy 120 (1st ed. 1992).

上均采用私人民间组织身份，但是一般都会得到本国政府某种程度的支持，因此债券持有人协会在事实上具有半官方组织的性质，这样既可以避免一国政府直接出面干涉主权债券违约处置而造成外交摩擦，同时又提高了主权债券违约处置的实际效果。债券持有人协会在主权债券违约处置的历史进程中曾发挥了重要的作用，其中最具影响力和代表性的债券持有人协会是英国于 1868 年成立的外国债券持有人社团（Corporation of Foreign Bondholder，CFB）。CFB 的理事会由英国金融界以及主要债券持有人委任的代表共同组成，当某国主权债券出现偿付困难后即成立专门的国别委员会与之进行谈判。当时英国伦敦是全世界无可争议的国际金融中心，CFB 与债务国谈判的最大筹码在于它可以封杀债务国继续获得新融资。根据伦敦证券交易所的市场惯例，如果一国的主权债券出现了违约并且拒绝与债权人善意地进行协商，伦敦证券交易所将会拒绝对该国新发行的主权债券进行报价，在极端情况下还会将该国在交易所的存量主权债券停牌，而伦敦证券交易所就是基于 CFB 提供的信息来判定债务国是否出现违约以及违约处置的具体进展。[①]在英国的 CFB 之后，比利时、瑞士、德国和美国等主权债券债权人较为集中的发达国家也都先后成立了类似的债券持有人协会。这些债券持有人协会于 1950 年以前在主权债券违约处置领域非常活跃，成功处置了大量主权债券违约，但随着主权贷款取代主权债券成为当时主权债务的主要形式，债券持有人协会开始逐步退出历史舞台。

目前债权人协调组织不再是处置主权债券违约的主要方式。常设性的债券持有人协会已经不再被继续使用，临时性的债权人委员会虽在主权债券重组过程中有时还会用于协调债权人之间的关系，但其实际作用也已经大不如前，而且面临着诸多障碍。实践中，有时债务国会出于某些原因反对成立债权人委员会，比如质疑债权人委员会的代表性，或者不愿与债权人委员会中的某些成员进行谈判等；而一些债权人认为债权人委员会限制

---

① Paolo Mauro and Yishay Yafe, *The Corporation of Foreign Bondholders*, WP/03/107 IMF Working Paper 1, 22（2003）.

了它们的选择余地因而也不愿意加入其中。①由于当前主权债券市场与过去已经有了很大的变化，债权人协调组织很难再独立成为主权债券违约处置的主要方式。19世纪后半期至20世纪初，主权债券的债权人有几百人的规模，而如今主权债券的债权人规模至少也是成千上万。②债权人数量的增加使建立和运行债权人协调组织的难度大大增加。此外，过去主权债券有时会以债务国的国有铁路或某项税收来源作为担保，一旦发生违约债权人有动力成立债权人协调组织抱团采取行动索债。③而目前主权债券普遍没有任何担保措施，可供债权人选择的救济措施也相对有限，因此数量众多的主权债券债权人也就缺少动力去成立债权人协调组织。

2.3.4 仲裁

历史上各国发行的主权债券曾经广泛约定使用仲裁作为争议解决方式，仲裁在过去很长一段时间里是主权债券违约处置的重要方式。19世纪至第二次世界大战前，主权债务工具中的仲裁条款相当普遍，而第二次世界大战后，主权债务工具中的仲裁条款则变得极为少见。④

第二次世界大战前，主权债券合同中广泛采用仲裁条款的原因是由于绝对的主权豁免使法院诉讼无法成为主权债券违约纠纷的争议解决方式，在这样的背景下仲裁可以为债权人提供必要的法律保护。此外，仲裁在为债权人提供一定法律保障的同时也使债务国日后免受其他国家法院的司法管辖，这也更容易为债务国所接受。再者，仲裁不公开审理的特点也与债务国不希望主权债券违约处置过程和相关敏感信息对外界公开的要求相符。这些因素都促使仲裁在历史上曾被广泛用于处置主权债券违约。

第二次世界大战后，随着有限豁免主义逐渐为各国所接受，以诉讼方式解决主权债券违约开始成为可能。与仲裁相比，诉讼可以为债权人提供

① Principles Consultative Group, *Report of the Principles Consultative Group On* 2013 *Implementation of the Principles for Stable Capital Flows and Fair Debt Restructuring* 1, 57（2013）.

② *Supra* note 37 at 9.

③ *Supra* note 37 at 7.

④ ［奥］迈克·瓦博：《国际法视角下的主权债务违约》，郭华春译，北京，法律出版社，2013。

更强和更加直接的法律保护，因此在仲裁和诉讼之间债权人更倾向于选择后者作为主权债券合同的争议解决条款。对于债务国来说，迎合债权人的这一要求可以使自己发行的主权债券更容易为市场所接受，从而降低发行债券时的融资成本。现代主权债务工具几乎都是选择重要金融中心所在地的国内法院管辖，很少会规定仲裁条款。[①]不过仲裁在当前的主权债券合同中也没有完全消失，个别国家的主权债券融资文件中也选择仲裁作为争议解决方式。比如，萨尔瓦多（2009 年）、卡塔尔（2009 年）、匈牙利（2009 年）发行的主权债券约定依据联合国国际贸易法委员会仲裁规则进行仲裁，而波兰（2002 年）和格鲁吉亚（2008 年）发行的主权债券则约定在伦敦国际仲裁院进行仲裁。[②]总之，虽然目前仲裁条款也会偶尔出现在主权债券合同中，但仲裁已不再是主权债券违约处置的主要方式。

2.3.5 "恶债"不予偿还

债务国发生主权债券违约后，出于维护国家形象以及能够在日后重新获得融资等因素的考虑，通常都会以一定的方式来处置主权债券违约，极少有国家在不给出任何理由的情况下完全拒绝偿债。回顾历史，一国如果没有发生政权更迭等极端情况则很难要求完全免除偿还之前由自己发行的主权债券，相对合理并且有可能获得国际社会认可的理由是将发生违约的主权债券定性为"恶债"，进而主张"恶债"不予偿还。

"恶债"（Odious Debts）是指被继承国违背继承国或者转移领土人民的利益，或违背国际法基本原则而承担的债务。[③]20 世纪 30 年代，国际法专家亚历山大·内厄姆·萨克（Alexander Nahum Sack）以 19 世纪的两个国际法判例（墨西哥拒绝偿还马克西米利安皇帝统治时期所欠债务、1898年美西战争结束后美国拒绝偿还前古巴政府欠西班牙殖民政府债务）为

---

① ［奥］迈克·瓦博：《国际法视角下的主权债务违约》，郭华春译，北京，法律出版社，2013。
② ［奥］迈克·瓦博：《国际法视角下的主权债务违约》，郭华春译，北京，法律出版社，2013。
③ 曾令良：《国际法》，武汉，武汉大学出版社，2011。

基础，正式提出"恶债"的概念，即当一个专制政权举借债务的目的不是国家需要和利益，而是为了壮大自己、镇压人民起义等其他原因，这样的债务对全体国民而言就是"恶债"。①此后学者从不同的角度对"恶债"的类型进行了归纳和总结。②虽然"恶债"不予偿还的观点已为国际社会普遍接受，但是究竟什么样的债务可以被认定为"恶债"目前还尚未形成完全明确的标准，实践中主要是依据个案的具体情况进行判断。在国际法的实践中，真正诉诸恶债的案件很少，曾被列入恶债嫌疑名单的案例有：尼加拉瓜前总统索摩查、菲律宾前总统马科斯、海地前总统杜瓦利埃、扎伊尔（刚果民主共和国）前总统蒙博托、克罗地亚前领导人图季曼以及伊拉克前总统萨达姆等。③此外，在现实中一些以国家名义举借的债务虽然有可能构成"恶债"，但是举债国家为维护本国国际形象或是受到外界压力最终并没有以"恶债"为理由拒绝偿债，而是选择了继承这些债务。比如，南非种族隔离时期政府曾为镇压人民的军队和警察部队举借了债务，新政府由于担心影响国家开放的形象无法吸引到新的国外投资，还是同意继承种族隔离时期的债务；尼加拉瓜前独裁统治者索摩查在

---

① 洪晖：《发展中国家债务解决机制中"恶债原则"的政治经济学分析》，载《国际商务（对外经济贸易大学学报）》，2011（4）。

② 依据举债目的不同，将"恶债"划分为战争债务、镇压债务和政权债务；将"恶债"划分为不合理的债务、刑事债、非法债务、无效的债务以及其他分类；将"恶债"划分为刑事债务、不公平债务和无效的债务。参见马其家、刘慧娟：《"恶债"理论的演进及对我国海外贷款的启示》，载《理论与改革》，2014（1）。

③ 洪晖：《发展中国家债务解决机制中"恶债原则"的政治经济学分析》，载《国际商务（对外经济贸易大学学报）》，2011（4）。除了以上提及的案例，可能涉及"恶债"问题的著名案例还有湖广铁路债券案。1971年11月，美国公民杰克逊等人在美国阿拉巴马州地方法院对中华人民共和国提起诉讼，要求偿还其持有的清政府在1911年发行的湖广铁路债券本息。1982年9月该法院作出缺席判决，要求中方偿还原告4130万美元。1984年8月该法院重新开庭，以1976年《外国主权豁免法》无溯及力为由裁定法院对案件无管辖权，宣布撤销此案。此后原告两次提出上诉，1987年3月美国最高法院作出裁定，驳回上诉方提出的复审要求。中国政府就湖广铁路债券案的申述主要有两点（见1983年2月2日中华人民共和国外交部向美国国务卿舒尔茨递交的备忘录）：一是中国根据国际法，享有主权豁免，不受任何外国法院审判；二是湖广铁路债券是丧权辱国的清朝政府为维护其反动统治和镇压人民，勾结在华划分势力范围的帝国主义列强，加紧压迫和掠夺中国人民的产物，而恶债不予继承是国际法久已公认的一项原则。但美国法院没有支持中国政府主张的清政府发行的湖广铁路债券属于"恶债"，而仅是从主权豁免的角度作出的最终判决，即美国1976年《外国主权豁免法》不能追溯适用。

被推翻前侵吞了数亿美元资产，民选总统奥尔特加曾在联合国大会宣布新政府将放弃偿还索摩查执政期间所欠的债务，但是后来担心由此被西方国家疏远又改变了这一态度。[①]近期涉及"恶债"不予偿还问题的例子是伊拉克。萨达姆独裁政权倒台后拖欠的主权债务总金额高达 1290 亿美元。曾有专家主张这些债务大部分被用于购买武器和镇压人民等用途，因而是新政权无须继承的"恶债"。但伊拉克新政府已对外明确承诺解决由前政权留下的所有债务和索赔，并通过实施重组等方式对这些欠债进行处置直到完全解决该问题。[②]

总之，债务国完全拒绝解决主权债券违约从来都是极端例外情况，通过主张"恶债"不予偿还来处置主权债券在国际法的实践中同样少见。虽然各国已经普遍认可"恶债"不予偿还的观点，但是解决"恶债"问题的完整国际法制度尚未形成。无论在过去还是将来，"恶债"不予偿还都只是个别情况，而不是主权债券违约处置的主要方式。

2.4　本章小结

面对主权债券违约问题，历史上先后出现过各种不同的主权债券违约处置方式。一些违约处置方式已经不再用于解决主权债券违约问题，比如使用武力索债；一些违约处置方式目前则较少得到使用而且只对解决主权债券违约问题起到间接或辅助性作用，比如外交途径解决、成立债权人协调组织、申请仲裁以及主张"恶债"不予偿还。经过长期实践，主权债券重组、主权债券违约诉讼以及主权债券违约的国际官方救助成为主权债

---

① 洪晖：《发展中国家债务解决机制中"恶债原则"的政治经济学分析》，载《国际商务（对外经济贸易大学学报）》，2011（4）。

② UN Security Council, *Security Council 6293rd Meeting Record*, United Nations（18 January 2016），http：//www. un. org/en/ga/search/view_ doc. asp？symbol = S/PV. 6293. 根据伊拉克代表 2010 年在联合国安理会的发言，伊拉克新政府已经通过重组处置了大部分违约债务，截至 2010 年 4 月尚未解决的债务约 6. 29 亿美元。

券违约处置的主要方式，其中主权债券重组制度是处置主权债券违约最重要的方式。

　　尽管主权债券违约处置的主要方式已经基本明确，但是目前尚缺少完备的法律制度调整和规范主权债券违约处置进程，这直接影响到主权债券违约问题得到迅速有效的解决。今后国际社会应当致力于构建和完善以主权债券重组制度为基础支撑，以主权债券违约诉讼制度和主权债券违约的国际官方救助制度为辅助的主权债券违约处置法律制度。

主权债券重组的合同约束方法

主权债券发生违约后最重要的解决方式是由债务国与债权人协商进行主权债券重组。目前主权债券重组的合同约束方法已经在实践中被广泛应用于规范主权债券重组。本章首先对主权债券重组的合同约束方法从总体上进行研究，随后对集体行动条款这一最为重要的合同约束方法进行深入分析，接下来对主权债券重组的具体实践展开剖析，最后从法律角度提出完善主权债券重组合同约束方法的建议。

3.1 对合同约束方法的总体研究

主权债券重组的合同约束方法（Contractual Approach）是指债务国和债权人在主权债券合同中事先约定特定的合同条款以便规范日后可能发生的主权债券重组。现阶段以集体行动条款为代表的合同约束方法已经成为调整规范主权债券重组的最重要方法，不仅各国新发行的主权债券大多数都规定了集体行动条款，而且一些国家已经通过运用集体行动条款实际实施了主权债券重组并且收到了良好的效果。本节将从总体上对主权债券重组的合同约束方法进行研究。

3.1.1 合同约束方法的形成与发展

主权债券重组是目前处置主权债券违约的主要方式，以下将主要分析合同约束方法是如何产生、发展并成为现阶段规范主权债券重组的主要方法。

主权债券重组在本质上是由债务国和债权人自愿协商对原有的主权债券合同条款进行修改。主权债券具有债权人数量多、分布广、异质性强以及身份隐蔽等特点，协调人数众多的债权人与债务国进行重组谈判本身就已经是困难重重，要想达成各方都满意的重组方案则更是难上加难，加上国际法和各国国内法并没有规范主权债券重组的完善法律制度，长期以来主权债券重组处于相对混乱和无序的状态。实践中具体重组案例的成功与否几乎完全取决于重组当事方之间的博弈，重组谈判经常陷入僵局，债务国不得不为重组的拖延付出高昂的代价，而债务人也会为此蒙受巨大的损失。20 世纪 90 年代以前这一问题引发的关注相对有限，这是因为在当时由商业银行向一国提供的银团贷款是主权债务的主要组成部分，主权债券尚未成为各国的主要融资工具。自 20 世纪 90 年代起，主权债券逐渐取代主权贷款成为主权债务的最主要组成部分，确保主权债券及时有序重组的重要性和紧迫性凸显出来，国际社会开始积极探索通过建立特定机制推动主权债券重组顺利进行。[1] 1995 年十国集团对这一问题展开讨论，1996 年由时任比利时央行副行长让－雅克·雷伊（Jean – Jacques Rey）领导的十国集团工作组发布了《雷伊报告》（*Rey Report*），其中就建议使用合同约束方法推动主权债券重组。[2] 尽管《雷伊报告》引起主权债券市场参与方的激烈辩论，但是在当时并没有能立即促成合同约束方法得到广泛应用。此后随着俄罗斯（1999 年）、巴基斯坦（1999 年）、乌克兰（2000 年）、厄瓜多尔（2000 年）以及阿根廷（2001 年）等国先后发生主权债务违约，国际社会在巨大现实压力面前最终对运用合同约束方法推动主权债券重组达成共识。2002 年十国集团又发布《关于合同条款的十国集团工作组报告》，再次建议使用合同约束方法，特别是集体行动条款推动主权债券的有效重组，报告还为适用纽约州法的主权债券拟定了集体行动条款的示范条款。[3] 其实集体行动条款在适用英国法、卢森堡法和日本法的主权债券中一直较为常见。[4] 自 19 世纪末开始，集体行动条款就已经在适用英

---

① 历史上主权债券和主权贷款交替成为主权债务的主要形式。19 世纪至 20 世纪初，主权债务基本由主权债券构成。20 世纪初至 20 世纪 90 年代，中长期银行贷款成为主权债务的主要组成部分。自 20 世纪 90 年代至今，主权债券重新又成为主权债务的主要形式，一方面这是因为美国、IMF 和世界银行于 20 世纪 90 年代推行布拉迪计划，将新兴市场国家的存量不良贷款置换重组为主权债券，另一方面由于资本市场的发展使公开发行债券具有融资成本低、流动性好、对债务人财务约束少等优势，各国举借新的主权债务时纷纷由原来的银行贷款转为发行主权债券。

② Group of Ten, *The Resolution of Sovereign Liquidity Crises: A Report To the Ministers and Governors Prepared Under the Auspices of the Deputies* 1, 15 – 18 (1996).

③ Group of Ten, *Report of the G – 10 Working Group On Contractual Clauses* 1, 1 – 19 (2002).

④ John Drage and Catherine Hovaguimian, *Collective Action Clauses (CACs): An Analysis of Provisions Included In Recent Sovereign Bond Issues*, Bank of England Financial Stability Review 1, 105 (2004).

国法的主权债券中成为标准模式，但是这些主权债券在全球所有主权债券中只占少部分。①纽约才是全球最大和最重要的主权债券市场。②2003 年前在纽约发行的主权债券一直都没有规定集体行动条款。2003 年 2 月，墨西哥在纽约发行的 10 亿美元主权债券融资文件中规定了集体行动条款，这是适用纽约州法的主权债券首次使用集体行动条款。③2003 年 4 月，墨西哥在纽约再次发行 25 亿美元主权债券同样也使用了集体行动条款。2003 年 4 月 29 日，巴西在纽约发行 10 亿美元主权债券时使用了集体行动条款，这是首个主权评级为非投资级的国家在纽约发行主权债券时使用集体行动条款。随后南非、韩国在纽约发行的主权债券也规定了集体行动条款。到 2003 年底集体行动条款已成为适用纽约州法的主权债券的通用合同条款。④另外需要特别提及的是，在国际社会探讨以合同约束方法推动主权债券重组的同时，IMF 于 2001 年正式倡导建立主权债务重组机制——运用法律规制方法推动主权债券重组。IMF 的这一倡议虽然得到欧洲国家的支持，但却遭到了以美国为代表的很多国家的反对，多数主权债券市场的私人投资者也反对 IMF 的方案，各方对法律规制方法的排斥一定程度上也促成他们最终选择以合同约束方法来规范主权债券重组。截至 2014 年 6 月，适用纽约州法的主权债券 75% 都规定了集体行动条款。⑤随着集体行动条款被纽约的主权债券市场所接受，合同约束方法正式成为规范主权债券重组的主要方式。

主权债券重组的合同约束方法在全世界范围得到广泛应用已经十年有余。目前集体行动条款作为最重要的合同约束方法已成为主权债券中的标准合同条款。在国际资本市场发行的主权债券约有 80% 都规定了集体行

---

① Robert P. Ahdieh, *Between Mandate and Market*: *Contract Transition In the Shadow of the International Order*, 53 Emory Law Journal 691, 694 (2004).

② Barry Eichengreen and Ashoka Mody, *Is Aggregation A Problem for Sovereign Debt Restructuring?*, 93 American Economic Review 80, 84 (2003).

③ Gregory Makoff and Robert Kahn, *Sovereign Bond Contract Reform Implementing the New ICMA Pari Passu and Collective Action Clauses*, 56 Cigi Papers 1, 2 (2015).

④ The Economist, *Dealing With Default*, The Ecomomist 62, 63 (10 May 2003).

⑤ IMF, *Strengthening the Contractual Framework To Address Collective Action Problems In Sovereign Debt Restructuring*, 1, 17 (2014).

动条款。①据 IMF 统计，乌克兰、摩尔多瓦、乌拉圭、伯利兹、圣基茨和尼维斯等国已经通过实际使用集体行动条款顺利实现了主权债券重组。②2013 年 5 月，IMF 执行董事会曾经评价以市场为导向的合同约束方法在近期主权债券重组中对于避免冗长的重组谈判以及提高债权人的重组参与率发挥了良好的作用。③ 总之，主权债券重组的合同约束方法是当前规范主权债券重组的主要方法，对于妥善处置主权债券违约发挥着非常重要的作用。

3.1.2 对合同约束方法的法律分析

顾名思义，主权债券重组的合同约束方法就是依靠合同条款调整规范主权债券重组，由此可见主权债券合同的具体内容对于主权债券重组具有重要意义。主权债券合同是发行主权债券的国家与购买主权债券的投资者之间缔结的合同，国家是债务人，投资者是债权人，债务人以其国家信用为基础发行主权债券（主权债券通常不提供担保），并向债权人承诺按合同的约定在一定期限内偿还本金和利息。以下从法律角度，通过对主权债券合同的分析来研究主权债券重组的合同约束方法。

与其他借贷合同一样，主权债券合同条款的基本功能之一是确保债务人适当履行清偿债务的合同义务。合同义务的履行不能完全依靠债务人自身的意愿，同时需要以诉讼等法律手段保障合同的可强制执行性。自 20世纪 90 年代起，一些旨在提高主权债券合同在法律上可执行性的合同条款开始得到广泛使用。④其中比较典型的有：商业行为条款，即债务国确认其发行主权债券的行为属于商业行为；放弃主权豁免条款，即债务国明示、不可撤销的放弃享有的主权豁免；法律适用条款，即约定主权债券合同适用某国国内法（一般是债券发行地法律）；争议解决条款，即约定某

---

① Id.

② Id at 18.

③ Id at 4.

④ Stephen J. Choi, Mitu Gulati and Eric A. Posner, *The Evolution of Contractual Terms In Sovereign Bonds*, 4 Journal of Legal Analysis 131, 138 (2012).

国国内法院（一般是债券发行地法院）对合同争议拥有排他性的管辖权。上述合同条款结合在一起可最大限度地削弱国际法主权豁免原则赋予主权国家的特殊地位，使其以平等主体身份与债权人形成合同权利义务关系，同时把主权债券合同关系纳入一国国内法的调整范围，并使一国法院取得对相关争议的管辖权，一旦债务国发生违约，债权人可以通过诉讼方式主张合同权利。不过需要注意的是，根据目前各国的司法实践，放弃主权豁免条款只能使债权人在一国法院对违约债务国顺利提起诉讼，但并不能完全保证债权人可以有效执行胜诉判决并收回债权。尽管如此，主权债券合同中设置的上述合同条款还是有助于避免债务国在具备偿债能力时故意违约拒绝清偿到期债务。对主权债券违约诉讼的可行性以及判决的可执行性，下文有专章进行论述，此处不再展开。

与其他借贷合同不同的是，主权债券合同条款经过长期实践已经具备了另外一个独特的功能，就是在债务国失去偿债能力违约后规范主权债券重组。公司、企业等债务人失去偿债能力后可以根据其住所地法进行重整或破产清算，因此合同无须对此再另行作出约定。但是各国国内法的重整和破产清算法律制度并不适用于失去偿债能力的主权国家，国际法也没有建立起关于主权债券重组的法律制度，为确保主权债券重组符合债务国和债权人共同利益，债务国和债权人开始在主权债券合同中设置一类特殊的合同条款用于规范主权债券重组，即运用合同约束方法来规范主权债券重组。从法律角度看，主权债券重组的合同约束方法目前能够在实践中得到广泛应用并非偶然，由于国内法无法对失去偿债能力的债务国实施破产清算，国际法也没有关于主权债券重组的法律框架，因此与其他普通的借贷合同相比，主权债券合同自然要承担起规范主权债券重组的特殊功能。

合同约束方法规范主权债券重组的功能主要体现在以下两个具体方面：第一，合同约束方法可解决主权债券重组过程中的债权人协调问题，降低少数债权人抵制重组造成的负面影响。与主权贷款的债权人通常只涉及较少数大型跨国银行不同，主权债券的债权人包括银行、保险公司、养老基金、对冲基金等各种类型的投资者，不仅数量众多而且遍布世界各地，不同类型的债权人在投资策略和风险承受能力等方面也各不相同。尽管从理论上讲，债务国和债权人通过协商实施重组符合各方整体最大利益，但是实践中有效协调数量众多的债权人集体行动参与重组的难度非常大，重组时常因此陷入僵局。有的债权人可能没有得到适当的通知而不知道重组程序已经开始，有的债权人可能没有足够动力去积极参加重组谈判而是等待观望其他债权人，有的债权人出于"搭便车"的心理希望由其他债权人出面进行重组谈判而自己坐享其成，有的少数债权人其利益可能与债权人整体利益存在差异因而拒绝参加重组甚至通过诉讼等手段拖延抵制重组。合同约束方法在主权债券合同中约定了关于重组的程序性规定，一定程度上可以解决上述问题，提高债权人重组参与率。以集体行动条款为例，债务国与达到绝对多数比例的债权人同意后即可对主权债券合同条款进行修改，从而达成对全体债权人都产生法律约束力的重组协议。合同约束方法有效解决债权人之间的协调问题，有助于推动重组顺利进行，特别是防止少数债权人不顾债权人整体利益抵制重组。第二，合同约束方法对主权债券重组的规范还体现在防止实际具有偿债能力的债务国故意违约并强行实施重组逃废债务。合同约束方法的功能并不是简单追求最大限度地降低主权债券重组的难度，如果债务国具备偿债能力也可以轻易实现重组，那就会滋生债务国的道德风险鼓励其故意违约。理论认为，主权债券的债权人有能力观察债务国财政状况是好是坏，在债务国财政状况不佳时，债权人就会有动力接受重组，否则的话债权人就将无法收回任何债权。因此合同约束方法把判断债务国偿债能力的权力交给债权人，如果债权人认为违约债务国确实不具有清偿全额债务的能力，多数债权人为了自身利益考虑就会通过合同约束方法表决同意接受重组方案；反之，如果债权人认为债务国是在具有偿债能力的情况下故意违约，多数债权人就会通过合同约束方法否定重组方案。

总之，把主权债券重组的合同约束方法简单地定位成帮助债务国推动主权债券重组的工具并不妥当，合同约束方法应当是在债务国失去偿债能力后用于推动实现符合债务国和债权人共同利益的主权债券重组，而不应

被滥用帮助具有偿债能力的债务国以牺牲债权人利益为代价强行实现
重组。

3.2　对集体行动条款的研究

集体行动条款是现阶段最重要的主权债券重组的合同约束方法，目前
在全世界范围内已经成为主权债券合同中的标准条款，本节专门针对集体
行动条款进行研究。

3.2.1　集体行动条款概述

集体行动条款（Collective Action Clauses，CACs）泛指主权债券融资
文件中的一系列合同条款，主要包括多数重组条款（Majority Restructuring
Provisions）和多数执行条款（Majority Enforcement Provisions）。①根据集体
行动条款，债务国和达到合同规定多数比例的债权人同意后可以对主权债
券的合同条款进行修改，并可以对少数债权人实施违约救济的权利加以
限制。

多数重组条款也称为多数修改条款，它是集体行动条款最核心也是最
具特点的内容，有些学者在提到集体行动条款时就是专门指多数重组条
款。依据多数重组条款，债务国与达到合同规定多数比例的债权人同意后
即可对主权债券的合同条款进行修改，修改后的新合同条款将对全体债权
人产生法律约束力。根据被修改合同条款的不同，多数重组条款还可以再
进一步细分为修改支付条款的多数重组条款和修改非支付条款的多数重组
条款。支付条款（Payment Term 或 Money Term）是借贷类合同中最重要

---

① IMF, *Collective Action Clauses：Recent Developments and Issues*, 1, 4（2003）。有学者认为集体行
动条款除多数重组条款和多数执行条款外还包括集体代表条款（Collective Representation Clauses），即
关于建立债权人委员会及其他选举债权人代表的合同条款，参见 Lee C. Buchheit and G. Mitu Gulati,
Sovereign Bonds and the Collective Will, 51 Emory Law Journal, 1317（2002）。

的合同条款，指涉及利率、还款期、还款币种等资金支付事宜的合同条款，非支付条款是指除支付条款以外的其他合同条款。根据市场惯例，由于支付条款的重要性要大于非支付条款，多数重组条款一般都会规定修改支付条款所需的债权人同意比例（通常为持有债券未清偿本金75%的债权人同意）要高于修改非支付条款所需的债权人同意比例（通常为持有债券未清偿本金50%的债权人同意）。主权债券重组本质上就是债务国和债权人协商修改主权债券合同条款，特别是修改主权债券合同的支付条款，即削减债券本金、降低利率、延长还款期限等。根据合同法的基本原则，修改合同条款必须取得全体当事方的一致同意，如果没有事先在合同中规定多数重组条款，实施主权债券重组就必须得到全体债权人的同意，主权债券的债权人数量众多，这实际上赋予了每一位债权人否决重组方案的权利。如果主权债券合同中规定了多数重组条款，债务国只要取得合同规定多数比例的债权人同意就可以对合同条款进行修改。根据多数重组条款进行修改后的新合同条款将对包括少数反对重组的债权人在内的全体债权人都产生法律约束力，少数抵制重组的债权人无法再依据原来的合同条款向法院提起诉讼主张权利。

多数执行条款是指主权债券发生违约后，只有达到一定比例（通常至少是债券未清偿本金的25%）的债权人同意才可以宣布债券加速到期；宣布债券加速到期后只有达到一定比例的债权人同意才可以撤销加速到期。宣布和撤销加速到期是债权人非常重要的合同权利。主权债券发行后债务国按合同约定向债权人定期支付利息并在最后的债券到期日偿还本金。债务国最初违约时通常只是未能偿还已经到期的利息，其余未到期利息和更大数额的债券本金实际还未到应偿还日期。此时，虽然债务国财务状况很可能已经恶化，但债权人无权立即针对未到期本金和利息实施违约救济。为避免出现此种不利局面，债券合同一般都会有关于加速到期的规定，即债权人在合同规定的违约事件发生后便有权宣布债券全部本金和利息立即加速到期。宣布或撤销加速到期是债权人实施有效违约救济的前提，也是主权债券重组谈判时向债务国施压的重要手段。而多数执行条款限制了债权人宣布债券加速到期的权利，只有达到一定比例的债权人同意才可宣布债券本息全部加速到期，否则债权人仅能追索已经实际到期的小部分债权，此时债权人提起主权债券违约诉讼的实际效果将大打折扣。

3.2.2　集体行动条款在英国和美国产生背景的对比分析

美国纽约和英国伦敦是全球最重要的国际金融中心，同时也是全世界最重要的主权债券市场，在两地发行的主权债券通常都约定适用债券发行地法律。目前，无论是在纽约还是伦敦发行的主权债券都已普遍使用集体行动条款。但正如前文分析合同约束方法产生和发展时提到的那样，适用英国法的主权债券长期以来都有集体行动条款，而适用纽约州法的主权债券是从2003年开始才广泛使用集体行动条款，集体行动条款在英国和美国的产生背景是不同的。

19世纪末期以前，英国和世界其他国家一样债券中也都没有集体行动条款，修改债券合同的支付条款必须经全体债权人一致同意。对于公司债券而言，这样的合同约定在现实中导致一些实际并未丧失偿债能力而只是由于出现流动性危机无法清偿债务的债务人因为无法顺利实现重组最终被强制破产清算，此外还使一些债权人可以以申请对债务人进行破产清算相威胁迫使债务人私下给予其更多的额外清偿。为解决这些问题，1879年英国律师弗朗西斯·波弗·帕莫（Francis Beaufort Palmer）提出在公司债券中使用多数表决的方式来允许当事方日后修改合同条款，即经过绝大多数债权人同意后便可以延长债券的清偿期限或者修改债券的支付条款。这一合同条款在当时被称为多数行动条款（Majority Action Clauses, MACs），实际上就是现在的集体行动条款，主权债券也跟随公司债券采用了这一合同条款，很快集体行动条款就成为适用英国法的公司债券和主权债券的标准合同条款。

集体行动条款在纽约州法下的产生背景更加复杂。美国并没有像英国那样自19世纪末期开始就在债券中广泛使用集体行动条款。当19世纪末集体行动条款在英国开始流行之际，美国的债券主要是针对外国投资者发行，市场担心外国投资者不愿意购买通过多数表决方式就可以被修改的债券。①另外，美国法律规定可转让票据必须是无条件支付一定数额金钱的承诺或者命令，债券发行人和投资者担心加入了集体行动条款的债券将不会再被认定为可转让票据，从而影响其市场流通性。此外，19 世纪美国出现公司并购热潮，美国公司债券的主要发行人各铁路公司的股权和债务结构极为复杂，债券发行批次过多也导致集体行动条款很难发挥出作用。再者，1929~1933 年美国大萧条时期大量公司债券发生违约，一些债券发行方为逃废债务与主要债权人串通，通过投票表决的方法强行修改债券支付条款，损害了少数债权人利益。由于受到以上因素的影响，美国并没有模仿英国的做法，允许通过集体行动条款来修改债券合同条款，而是采取了其他方式来挽救陷入债务困境的债务人并解决少数债权人抵制重整的问题。1934 年美国修改联邦破产法加入第 77B 条，该条是日后美国破产法第 11 章重整制度的前身，对在破产法院监督下的破产重整制度作出详细的规定。破产重整制度使陷入危机的债务人同样可以有机会削减债务重获新生。此后规范公司债券在公开市场发行的美国《1939 年信托契约法案》（*Trust Indenture Act of* 1939）进一步规定，除非所有受到影响债券持有人一致同意，否则禁止公开发行的公司债券削减到期本息，这实际相当于禁止在公司债券中使用集体行动条款。自此之后美国的公司债券合同都采用一致行动条款（Unanimous Action Clauses，UACs），即只有经过债务人和全体债权人一致同意才能修改债券合同的支付条款。由于债券持有人数量众多，一致行动条款使债务人通过与债权人协商削减债务的可能性几乎为零，但是在重整程序启动后破产法院有权为了重整而削减公司债券的本息。尽管《1939 年信托契约法案》的规定并不适用于主权债券，但是在 2003 年前一致行动条款一直被作为市场惯例在适用纽约州法的主权债券中较为常见。有学者认为，这是因为一些大型律师事务所经常同时承担着起草公司债券和主权债券合同的工作，它们采用相同的合同模板为基础起草两种债券的合同文本，所以促使主权债券也一直采用了公司债券中的

---

① David A. Skeel, *Can Majority Voting Provisions Do It All?*, 52 Emory Law Journal, 417 (2003).

一致行动条款。①直到 2003 年前后各国就规范主权债券重组问题达成共识，特别是美国支持运用合同约束方法来规范主权债券重组，纽约作为全世界最大的主权债券市场从 2003 年起才在新发行的主权债券中使用集体行动条款，从而代替了之前一直在主权债券合同中使用的一致行动条款。

分析主权债券中的集体行动条款在英国法和纽约州法不同产生背景，表面上看主权债券是否规定集体行动条款很大程度受到公司债券影响。为处置公司债券违约，英国选择直接通过集体行动条款推动公司债券实现重组，这在很大程度上侧重于保护了债务人的利益，避免债务人因少数债权人的阻挠无法顺利削减债券本息而最终被破产清算。美国出于自身情况考虑一开始没有在公司债券中使用集体行动条款，相反却通过法律规定必须使用一致行动条款，其侧重点在于防止债务人利用集体行动条款提供的便利串通主要债权人损害少数债权人利益。虽然一致行动条款使违约的公司债券难以顺利实现削减债券本息，但美国破产法中的重整制度可以为进入重整程序的债务人相应提供必要保护，这在一定程度上在公司债券重组问题上实现了债权人和债务人之间的利益平衡。对于主权债券而言，适用英国法的主权债券由于约定了集体行动条款因此可以有效推动主权债券重组。在 2003 年以前，适用纽约州法的主权债券大多和公司债券一样使用一致行动条款为债权人提供保护，而发行主权债券的国家却无法像发行公司债券的债务人那样可以后续获得破产重整制度提供的保护，因此总体来讲适用纽约州法的主权债券偏重维护债权人的利益。对此常见的解释是因为纽约市场发行的公司债券不允许使用集体行动条款，所以主权债券采取了与公司债券一样的市场操作惯例也都采用了一致行动条款。但是分析这一市场惯例背后的更深层考虑，美国本国的金融机构是纽约主权债券市场的重要投资者，为了在主权债券违约后维护本国投资者利益，美国更倾向于让外国政府在纽约发行的主权债券使用一致行动条款，这样可以使美国的债权人在主权债券重组谈判过程中获得优势地位。直到 20 世纪 90 年代

① Marcel Kahan and Michael Klausner, *Standardization and Innovation In Corporation Contracting*, 83 Virginia Law Review, 713 (1997).

主权债券成为主权债务的主要组成部分，妥善处置主权债券违约问题对整个国际社会变得日趋紧迫和重要，为了维护国际金融体系的稳定，在各方的压力之下，纽约主权债券市场才在2003年开始广泛使用集体行动条款。至此，以集体行动条款为代表的合同约束方法真正在全球范围内成为规范主权债券重组的主要方法。

在如何规范主权债券重组问题上，美国最终回到了英国很早之前就已经采取的模式。这也说明经过纽约和伦敦两地金融市场长期实践检验，集体行动条款被证明是行之有效的方法。

3.2.3 集体行动条款类型演变的分析

最初集体行动条款的设计相对简单，进行主权债券重组时债权人按照主权债券发行批次分别进行表决，如果同一批次发行的主权债券中持有75%本金的债权人同意接受重组条件，则重组对该批次债券的全体债权人产生约束力，这种集体行动条款被称为分批次式集体行动条款（Series – by – Series CAC 或 Single – Series CAC）。①根据分批次式集体行动条款，某一发行批次债券的表决结果对债务国发行的其他批次债券并不产生影响，其他批次债券是否接受重组完全由该批次债券债权人自行表决。虽然分批次式集体行动条款增加了少数债权人抵制重组的难度，但债权人仍可集中资金收购个别批次债券来阻止该批次债券接受重组，进而干扰主权债券重组的整体进程。

为了克服分批次式集体行动条款需要由不同发行批次的主权债券分别进行表决的弱点，多批次合并式集体行动条款（Multiple Series Aggregation CAC，以下简称"合并式集体行动条款"）应运而生。最初设计的合并式集体行动条款被称为两分支表决机制的多批次合并式集体行动条款（Multiple Series Aggregation CAC – Two Limb Voting，以下简称"两分支集体行动条款"），其运行机制是将不同发行批次的主权债券合并进行重组表决，如果表决结果同时达到以下两项最低支持率要求，则重组方案对全体债权

---

① 此处对集体行动条款类型的分析是针对集体行动条款的最核心内容——多数重组条款。

人产生约束力：单独一个批次债券中持有 50% 以上本金的债权人同意重组；并且合并所有批次债券总计持有 66% 以上本金的债权人同意重组。①两分支集体行动条款一方面降低了对单独某一批次债券的最低支持率要求从而增加了重组方案被否决的难度，另一方面作为弥补它又对所有批次债券总体的最低支持率作出要求。近年来，阿根廷、多米尼加、希腊和乌拉圭等国在国际市场新发行的主权债券中约定了两分支集体行动条款。欧洲主权债务危机爆发后，欧盟为维护欧元区财政稳定采取的改革措施之一就是运用集体行动条款应对成员国日后可能发生的主权债券违约。根据《设立欧洲稳定机制的条约》的规定，自 2013 年 1 月 1 日起，所有欧元区政府在新发行的一年期以上主权债券中必须强制性统一使用欧元区标准版本集体行动条款。②2012 年 2 月，欧盟经济和金融委员会下属的欧盟主权债券市场小组委员会公布了欧元区标准版本集体行动条款的具体内容，其中同时包含了分批次式集体行动条款和两分支集体行动条款。③此外根据规定，欧元区政府发行的主权债券无论适用本国法还是外国法都必须一律使用欧元区标准版本集体行动条款。

  两分支集体行动条款更有利于主权债券重组方案获得通过，但抵制重组的债权人理论上仍可能针对个别批次债券否决重组，只是要付出更大的成本和代价。④自 2013 年起，市场开始探讨制定更加强势的集体行动条款——单分支表决机制的多批次合并式集体行动条款（Multiple Series Aggregation CAC – Single Limb Voting，以下简称"单分支集体行动条款"）。与两分支集体行动条款一样，单分支集体行动条款仍然是合并不同批次债

  ① 此处最低支持率的百分比数值是国际资本市场协会发布的标准版本集体行动条款所采用的数值，实务中集体行动条款规定的最低支持率百分比数值可能会有所不同。

  ② Article 12（3）of Treaty Establishing the European Stability Mechanism："Collective action clauses shall be included, as of 1 January 2013, in all new euro area government securities, with maturity above one year, in a way which ensures that their legal impact is identical."

  ③ EFC Sub – Committee On EU Sovereign Debt Markets, *Euro Area Model CAC* 2012, European Union（28 February 2016）http：//europa. eu/efc/sub_ committee/cac/cac_ 2012/index_ en. htm.

  ④ 在两分支表决机制下，如果所有批次债券总体合计的最低支持率达到了要求，但某一批次债券没有达到对单独批次债券的最低支持率要求，则该批次债券不得重组，其余达到要求批次的债券可以重组。

券进行重组表决，但是它不再对单独一个批次债券的表决结果作任何要求，只要合并所有批次债券后总计持有 75% 以上本金的债权人同意接受重组则对所有批次债券产生约束力。面对单分支集体行动条款，抵制重组债权人无法再通过集中资金收购某个批次债券来阻止该批次债券的重组，要想否决重组方案就必须持有所有批次债券合计至少 25% 的本金，这使债务国推动重组的难度又进一步得到了降低。

以最新设计的单分支集体行动条款为基础，2014 年 8 月国际资本市场协会推出该协会制定的标准版本集体行动条款（以下简称"ICMA 标准集体行动条款"）。① ICMA 标准集体行动条款同时汇集了现有的全部三种类型集体行动条款——分批次式集体行动条款、两分支集体行动条款以及单分支集体行动条款，进行主权债券重组时债务国有权根据实际情况自主选择具体采用哪种类型集体行动条款对重组协议进行表决，而试图抵制重组的债权人则由于无法事先知晓重组协议的具体表决程序也就没办法再提前有针对性买入债券来阻碍重组表决获通过。目前这种最新的菜单式集体行动条款已经开始赢得国际社会的认可。2014 年 10 月，IMF 执董会支持在主权债券中加入这种最新的菜单式集体行动条款。② 2014 年 11 月，二十国集团在布里斯班峰会期间号召国际社会和私营部门积极使用菜单式集体行动条款。③ 在实践中强化版的菜单式集体行动条款也已经获得实际运用，据统计，截至 2015 年 7 月 31 日，已经有 21 个国家新发行的主权债券合同中使用了强化版的菜单式集体行动条款，约占同一时期新发行主权债券

---

① 国际资本市场协会（International Capital Market Association，ICMA）是由国际资本市场参与者组成的全球性自律组织，于 2005 年 7 月 1 日由国际证券市场协会（International Securities Market Association，ISMA）和国际一级市场协会（International Primary Market Association，IPMA）合并而成。目前 ICMA 约有 460 个成员，包括债券发行人（含主权债券发行国）、投资者、中介机构、资本市场金融基础设施提供方等。ICMA 的业务范围涉及制定和实施国际金融市场固定收益产品和相关金融工具发行、交易、结算等环节的自律准则和行业规范。2003 年 ICMA 的前身曾推出过标准版本的分批次式集体行动条款，2014 年 8 月 ICMA 推出了新的标准版本集体行动条款，2015 年 5 月 ICMA 对 2014 年版标准条款进行了部分修改，但实质内容未发生变化。

② IMF, *IMF Executive Board Discusses Strengthening the Contractual Framework In Sovereign Debt Restructuring*, IMF（26 December 2015）http：//www. imf. org/external/np/sec/pr/2014/pr14459. htm.

③ G20, *G20 Leaders' Communiqué Brisbane Summit*, The White House（26 December 2015）https：//www. whitehouse. gov/the‐press‐office/2014/11/16/g20‐leaders‐communiqu.

本金总额的 60%。^①

纵观集体行动条款类型的演变过程，集体行动条款对于主权债券重组过程中多数债权人表决接受重组的具体要求呈逐渐降低的趋势，这使债务国推动实施主权债券重组的难度随之不断下降。同时集体行动条款具体类型的不断演变也造成了目前主权债券合同中集体行动条款使用情况的混乱。由于 2003 年以前发行的适用纽约州法的主权债券基本不使用集体行动条款，至今还有一部分这样的存量主权债券尚未到期，所以目前市场上含有集体行动条款的主权债券和不含集体行动条款的主权债券并存。此外，对于规定了集体行动条款的主权债券而言，它们所采用的集体行动条款具体类型又各不相同，最初是分批次式集体行动条款，随后出现两分支集体行动条款，接下来是单分支集体行动条款，自 2014 年下半年最新的菜单式集体行动条款又开始得到应用。总之，现阶段各主权债券合同对集体行动条款使用情况的不统一将直接导致未来实施主权债券重组时会面临较大难度，可以预见至少在短期内通过集体行动条款来规范主权债券重组的具体实践还将会相当复杂。

3.2.4 集体行动条款涉及的主要法律问题分析

由于主权债券的债权人数量多、分布广、类型差异大且在投资策略、风险控制制度等方面存在一定差异，导致各债权人在重组过程中难以协调一致集体行动。集体行动条款通过运用多数表决的方式解决了重组中的债权人协调难题，使少数债权人抵制重组变得相对困难，从而协助债务国实现迅速有序的重组。但是在实际使用集体行动条款时会涉及一个重要的法律问题——如何在主权债券重组过程中保护债权人利益，特别是如何实现对少数债权人的利益保护。

3.2.4.1 存在的主要法律问题

如前文对合同约束方法进行总体分析时所论述的那样，集体行动条款不应是单纯用来降低重组难度的工具，而应是保证重组符合债务国和债权

① IMF, *Proposed Features of A Sovereign Debt Restructuring Mechanism* 1, 4 (2003).

人的共同利益，因此，集体行动条款需要平衡债务国与债权人之间的利益以及不同债权人之间的利益。对于数量众多的债权人而言，他们的投资策略和风险承受能力存在着差异，并且买入主权债券时的成本也不同，因此集体行动条款无须而且实际上也无法保证每个债权人通过重组都会实现完全相同的经济效益。但是集体行动条款应当引导债权人在重组过程中为债权人的整体利益善意行使表决权，确保债权人之间的公平，不能以牺牲少数债权人利益为代价实现主权债券重组。当前，集体行动条款对于债权人最低支持率的具体要求不断弱化，重组协议获得表决通过的难度随之也在不断降低，特别是单分支集体行动条款出现后，理论上只要拥有合同规定最低支持率的多数债权人同意，就可以让损害少数债权人利益的重组协议整体获得通过。此外，债务国还可能会主动给予不同债权人差别化的重组条件以此来分化瓦解债权人，那么即便重组方案不公平地对待少数债权人，也容易取得合同规定多数的债权人支持重组。再者，集体行动条款在鼓励主权债务国与债权人沟通协商、降低谈判能力不对等的程度的同时，也可能会限制单个债权人的诉讼权利。①总之，必须采取足够的保护措施以防止集体行动条款在不断降低实现重组难度的同时被滥用于损害少数债权人的合法利益。

3.2.4.2 当前的主要应对措施

目前集体行动条款在保护少数债权人利益方面最主要的措施是规定使用单分支集体行动条款时必须满足所谓"相同适用条件"（Uniformly Applicable Condition），即如果采用单分支集体行动条款进行重组表决，就必须对所有受重组影响的债权人提供相同的重组条件或者提供相同的重组条件菜单供债权人自由选择。以 ICMA 标准集体行动条款为例，如果债务国选择使用单分支集体行动条款进行重组表决必须满足相同适用条件，相同适用条件具体是指：债务国向债权人提供相同的新债券或对价，或者提供相同的新债券或对价菜单供债权人选择或债务国对原有债券条款进行的修改将使所有修改后的债券具有相同的合同条款（必须要有所不同的合同条款除外，比如支付币种等）。①由于单分支集体行动条款仅仅对债务国所有发行批次债券合并以后的总体支持率有最低要求，依据单分支集体行动条款进行的重组表决获得通过的难度最低，也最容易发生债务国与多数债权人串通损害少数债权人利益的情形，为防止出现这一问题，最有效的措施就是直接要求使用单分支集体行动条款时必须对所有债权人提供完全相同的重组条件，从而确保债权人之间的公平。相同适用条件的要求虽然可以防止少数债权人受损害，但是它的缺点在于太过僵化有可能会降低重组的灵活性。在实施主权债券重组的具体实践中，有时需要根据具体情况为不同批次债券的债权人提供不同的重组条件，但是根据相同适用条件的要求，这样存在差异化的重组方案不能使用单分支集体行动条款进行重组表决。

此外，集体行动条款还通过引入所谓"剥夺权利条款"（Disenfranchisement Clause）来防止债务国操控重组表决损害少数债权人利益。剥夺权利条款是指由债务国直接或者间接实际控制的债券无权参加重组表决。债权人依据集体行动条款进行的重组表决应当反映债权人的真实立场，不应受到来自债务国的不当干预和影响。特别是如果重组方案已经获得了一定数量债权人的支持，但尚未达到合同要求的多数比例要求，如果债务国购入一定数额的债券就有可能使原本不能获得通过的重组方案取得足够的支持率，最终影响重组表决的结果。剥夺权利条款的目的固然很好，但是缺点在于实际执行时存在难度。当债务国自己直接回购其发行的主权债券时当然很容易被发现，但是如果债务国并不直接出面，而是设置复杂的多层持股关系通过壳公司买入自己发行的主权债券，这就很难被外界发现。再者，如果持有债券的债权人与债务国并不存在隶属或者控股关系，但是该债权人由于政治、经济等原因可能会受到债务国的影响，这时判断是否应当适用剥夺权利条款将会非常困难而且也容易引发争议。比如在债务国注册成立或者设有营业机构的金融机构很可能会大量持有债务国发行的主权债券，这类债权人即便完全是由私人资本持股，在重组表决问题上有可能会不同程度地受到来自债务国的压力和影响，是否应当剥夺这类债权人的重组表决权也是一个难题。

3.2.4.3　启示

集体行动条款通过多数表决方式达成对全体债权人产生约束力的重组协议，这就有可能会使少数持异议债权人的利益受到损害。虽然目前集体行动条款已规定了一些相应的保护措施，但如上文分析，这些措施都还存在一定缺陷，在主权债券重组中有效实现债权人之间平等的问题尚未彻底解决。

集体行动条款在全世界范围被广泛应用到主权债券合同中不过十几年的时间，实际使用集体行动条款进行的主权债券重组数量相对有限。最简单的分批次式集体行动条款虽然在适用英国法的主权债券中已经使用了很长时间，但是依据这种集体行动条款进行的重组表决只影响一个发行批次的债券，由于不涉及合并不同批次债券进行表决因而不容易引起争议。而两分支集体行动条款和单分支集体行动条款则刚刚出现不久。特别是单分支集体行动条款目前还尚未在主权债券重组中实际得到应用。综合以上因素，现阶段由集体行动条款引起的争议在主权债券重组中还不多见，不过随着未来在实践中使用两分支和单分支集体行动条款实施主权债券重组的情况逐渐增多，有关不当适用或者滥用集体行动条款的问题和争议可能会随之趋向严重。

目前集体行动条款的内容侧重维护债务国利益，强调集体行动条款推动现实重组的功能，对于保护债权人利益尤其是少数债权人利益保护问题并没有给予足够的重视。集体行动条款特别是最新的单分支集体行动条款如果忽视债权人利益保护问题，这不仅会影响市场对集体行动条款的接受程度，而且还会使集体行动条款的法律效力受到挑战，一些债权人可能会针对滥用集体行动条款问题通过诉讼等法律途径寻求救济。下文研究主权债券违约诉讼制度时将对集体行动条款引发的诉讼案例进行具体讨论，并对未来有关集体行动条款的诉讼进行预测分析，此处不再展开。

　　总之，尽管主权债券市场一直在对集体行动条款的具体内容不断加以改进，但核心理念始终是使集体行动条款更有效地协助债务国排除少数债权人干扰顺利实现重组，最新设计的单分支集体行动条款已把主权债券重组表决程序简化至最简单，未来应当把发展完善集体行动条款的关注重点转移到债权人利益保护问题上。

3.3　对 2012 年希腊主权债务重组的分析

　　希腊主权债务危机已经引起全世界的普遍关注，其中涉及经济、金融、财政、国际关系和法律等很多领域的问题，即便是法律方面的问题也不是一篇论文可以作出透彻分析的。2012 年希腊实施的主权债务重组是该国处置主权债务危机的重要阶段，其中涉及债务国运用集体行动条款推动主权债券重组的实践与本书主题密切相关，因此本节专门集中研究 2012 年希腊主权债务重组。

　　希腊主权债务重组的实际范围是所有 2012 年以前希腊发行的、由私人债权人持有的主权债券。①主权债券本来就是当前各国主权债务的主要组成部分，2012 年希腊主权债务重组实际上就是在进行主权债券重组，而不包含主权贷款的重组，这与本书的研究范围完全一致。本部分主要从法律角度对 2012 年希腊主权债务重组的具体实践进行研究。

3.3.1　希腊主权债务危机概况

　　自 2009 年底爆发主权债务危机以来，希腊在主权债务的旋涡中已经苦苦挣扎了六年有余。在研究希腊主权债券重组之前，首先对希腊主权债务危机的大体情况依时间顺序简要加以概括。

---

　　① Jeromin Zettelmeyer, Christoph Trebesch and Mitu Gulati, *The Greek Debt Restructuring*: *An Autopsy*, 13 – 8 Peterson Institute for International Economics Working Paper Series 1, 10 (2013).

希腊主权债务危机爆发于 2009 年 10 月，当时由乔治·帕潘德里欧（George Papandreou）领导的泛希社会党在议会选举获胜，新政府上台后公布该国财政赤字严重超标。此后，关于希腊财政、经济状况的负面新闻不断爆出，国际评级机构下调了对希腊的主权信用评级，市场信心开始崩溃，希腊主权债券利率随之大幅飙升，最后基本失去了通过资本市场发行主权债券进行融资的渠道。为此希腊不得不向欧盟和 IMF 寻求国际官方救助，2010 年 5 月欧盟和 IMF 分别同意向希腊提供 800 亿欧元和 300 亿欧元为期三年的救助贷款，但条件是希腊必须实行财政政策调整和结构性改革。第一轮国际官方救助之后，国际社会逐渐形成了共识认为解决希腊债务危机不能完全依靠国际官方救助，同时必须还要有私营部门债权人的参与。在国际金融协会（Institute of International Finance，IIF）的协调下，2011 年 7 月欧盟峰会期间形成了解决希腊债务问题的私营部门参与计划（Private Sector Involvement，PSI），希望通过重组希腊对私营部门的负债来恢复其债务可持续性。不过由于希腊经济形势进一步衰退，加上欧盟、IMF 与希腊无法就经济改革计划的具体内容达成一致，2011 年 7 月的私营部门参与计划最终并未实际付诸实施。

2012 年 3 月至 4 月希腊正式实施主权债务重组。希腊主权债务重组的范围是全部 2012 年前发行的、私人债权人持有的主权债券，因此希腊主权债务重组实质就是主权债券重组，而且重组并未包括官方债权人持有的债权。欧洲央行作为希腊最大的单一债主所持有的 427 亿欧元债权则免予被重组削减。由于当时希腊已发行的大部分主权债券不含有集体行动条款，无法通过组织债权人依据集体行动条款进行表决的方式来修改债券的支付条款从而实现重组，因此希腊主权债务重组采取的具体方式是实施债券置换（Bond Exchange），即同意重组的债权人将其原有的主权债券置换为希腊依据重组方案新发行的主权债券，以此达到实施主权债券重组的目的。希腊主权债务重组的谈判过程基本由债务国希腊主导，虽然 12 家债权人代表 32 家最主要的债权人组成指导委员会与希腊进行了重组谈判，但最后是由希腊向债权人单边开出没有协商余地的重组方案——要么接受要么离开的债务置换要约（Take – it or Leave – it Debt Exchange Offer）。为了促使债权人接受债务置换要约，希腊采取了一系列措施：对接受重组债权人提供的新债券合同条款比原有的旧债券合同条款从法律角度更有利于债权人，如果希腊日后再发生债券违约，新债券可以比旧债券为债权人提供更好的保护；对接受重组债权人提供的新债券包括一部分流动性较强的准现金债券（由欧洲金融稳定基金发行的短期债券），债权人接受重组后可以尽快变现减少损失；直接修改国内法，规定适用希腊本国法的主权债券中溯及既往加入集体行动条款，如果持有参加表决的债券本金 2/3 以上的债权人同意重组，则重组方案将强制性地对全部适用希腊法的主权债券产生法律约束力。希腊主权债务重组于 2012 年 4 月 26 日正式结束，根据希腊财政部公布的数据，总计 1992 亿欧元的主权债券参与了重组，重组参与率为 96.9%，通过重组希腊主权债券面额总值削减了 1107 亿欧元，约合削减了债务总额的 52%。值得注意的是，希腊在重组完成后对抵制重组的债权人所持有的主权债券在到期时进行了全额清偿。

2012 年希腊实施主权债务重组后，欧盟和 IMF 又于同年对希腊提供了第二轮国际官方救助。但是大规模的主权债券重组外加两轮国际官方救助并没有能够帮助希腊彻底摆脱主权债务危机的困扰。由于仍然难以偿还重组后的债务，希腊于 2015 年再次为寻求国际官方救助与欧盟展开谈判。在此期间，希腊对 2015 年 6 月 30 日到期的 IMF 救助贷款发生了实际违约，成为 IMF 成立近 70 年历史上第一个未能按时偿还 IMF 贷款的发达国家。[①]经过对外长时间艰苦谈判以及对内举行全民公投，希腊于 2015 年 7 月 13 日接受了更加严厉的紧缩计划以换取欧盟对其提供第三轮国际官方救助。直到目前，希腊主权债务危机的走向仍不明朗。

3.3.2 法律角度的分析

前文已经提及，希腊主权债务重组由于限定了重组范围，实际上就是在进行主权债券重组。在各国处置主权债务违约的实践中，2012 年希腊

---

① 希腊随后于 2015 年 7 月偿还了拖欠 IMF 的贷款。

主权债务重组具有重要地位。首先，希腊主权债务重组是迄今为止全世界最大规模的主权债务重组，涉及债务金额约 2000 亿欧元。[①]其次，希腊主权债务重组也是"二战"后欧洲国家进行的第一次大规模主权债务重组，打破了长期以来主权债务重组只发生在发展中国家和不发达国家的局面。[②]最后，希腊主权债务重组在较短时间内完成，并且实现了 96.9% 的重组参与率以及 52% 的债务削减幅度，债务削减总额大致相当于 2012 年希腊全年 GDP 的 50%。希腊主权债务重组进行得平稳顺利，而且取得了比较理想的重组结果，但同时也存在一些问题，这些都值得从法律角度认真研究。

总结 2012 年希腊主权债券重组的实践，之所以能够在大幅度削减债务的同时实现高重组参与率主要得益于以下三个方面因素：第一，希腊对所有适用其国内法的主权债券通过立法溯及既往加入了集体行动条款，这为希腊推动主权债券重组奠定了重要的制度基础，有效降低了抵制重组债权人的干扰。第二，希腊主权债券债权人的组成结构有助于实现重组。欧洲央行以及欧盟各成员国央行是希腊主要的官方债权人，由于它们的债权免予重组，因此当然希望希腊通过实施主权债券重组削减对私人债权人的负债，以便保证将有限的资源用于对官方债权人偿债。希腊主权债券过半是由西方大型商业银行以及其他机构投资者持有，欧盟成员国政府和欧盟各国金融监管机构可以对这类债权人施加影响促使其接受大幅度的债务减免。第三，希腊软硬兼施的重组策略发挥出积极的作用。尽管持有希腊主权债券的债权人主要是银行等金融机构，但是这还不足以确保实现重组

---

① 2012 年希腊主权债务重组是在主权债务尚未发生本息逾期的情况下进行的，因此有的表述会说希腊主权债务重组是在主权债券违约之前进行的。但是在严格意义上，债务发生逾期仅是主权债券合同中最重要的一项违约事件，除此之外还会规定很多其他违约事件：比如债务国信用评级降至一定等级、债务国外债总金额超出一定限额、债务人未能履行融资文件项下的任何义务、发生任何可能阻碍合同顺利执行的重大不利情形等，这样安排的目的是使债权人在债务国财政状况恶化初期就有权尽早采取违约救济措施，不必拖延至债务实际逾期再去进行违约救济。债务国发生主权债务危机时一般都已至少触发了合同规定的违约事件兜底条款，因此从法律角度判断希腊进行主权债务重组时已经发生违约，只不过不是因为债务逾期而导致的违约。

② 1953 年联邦德国实施过主权债务重组，但当时重组的主权债务是在"二战"以前就已经实际发生了违约。

96.9%的重组参与率。如前文所述，希腊在重组过程中对债权人有打击有拉拢，既使用强势手段打压债权人，同时也向债权人提供一定的利益进行拉拢。希腊开出的重组条件毕竟为债权人提供了一定程度的实际补偿，鉴于未来希腊主权债务的前景并不乐观，很有可能再次发生违约，在很多债权人看来接受重组好过无法收回全部债权，因此在压力和动力的双重作用下最终多数债权人选择参与重组。总之，希腊主权债券重组的顺利进行离不开欧盟各国从外部对债权人施加的压力，同时希腊自身也有针对性地采取了有效措施推动重组，特别是通过制定法律对适用希腊法的主权债券溯及既往加入集体行动条款，从而掌握了重组的主动权。

对于适用外国法的希腊主权债券来说，其重组参与率其实只有71%，这比2005年阿根廷主权债务重组76%的重组参与率还要略低一些。拒绝重组的希腊主权债券面值约为60.4亿欧元，总共涉及25只债券，其中24只都是适用外国法，可以说适用外国法的希腊主权债券重组并不顺利。以适用英国法的希腊主权债券为例，总计36批次的主权债券虽然原本就已经规定有分批次式集体行动条款，但只有17只债券通过使用集体行动条款进行表决成功实现了重组。这说明仅凭借集体行动条款并不能完全保证主权债券顺利实现重组。

对于适用本国法的希腊主权债券，希腊通过立法溯及既往加入集体行动条款的做法在主权债券重组的实践中具有开创性。2012年2月23日，希腊议会通过法案，规定如适用希腊法的主权债券总面值50%参加重组表决，并且参加表决的债券总面值2/3多数同意接受重组，则重组方案对所有适用希腊法的主权债券生效。①在希腊拟实施重组的2000亿欧元主权债券当中，适用本国法的主权债券超过1700亿欧元。原本所有适用希腊本国法的主权债券都不含有集体行动条款，如果直接进行重组表决就需要获得全体债权人一致同意才能使重组方案获得通过，希腊制定的法案变向为所有适用希腊法的主权债券加入集体行动条款，此举为顺利实现重组提供了有效工具。从集体行动条款的具体类型来看，希腊为适用本国法的主

---

① Greek Bondholder Act, 4050/12 Greek Parliament § §1 (2012).

权债券加入的是最新型、最强势的单分支集体行动条款。单分支集体行动条款进行重组表决时只需要综合所有债券发行批次统一进行表决，不用再区分债券发行批次分别单独进行表决，也不要求单独一个发行批次债券的最低支持率达到一定比例，与其他类型集体行动条款相比将重组方案获通过的难度降至最低。最值得注意的是，与常规的集体行动条款不同，适用本国法的希腊主权债券中的集体行动条款并不是由债务国和债权人事先协商一致约定在主权债券合同条款中的，而是由债务国在重组开始前单方通过制定法律溯及既往加入，这在推广和使用集体行动条款的实践中是前所未有的。与适用外国法的主权债相比，适用债务国本国法的主权债券对债权人的保护程度相对较弱，因为债务国可以随时制定或者修改本国法律对主权债券项下权利义务关系产生影响。理论上，希腊完全可以直接制定法律强制要求所有适用希腊法的主权债券必须进行重组，或者对债券还本付息进行苛刻的限制从而迫使债权人同意重组。这种做法虽然效果更加直接，但同时也伴随着一定的法律风险，可能会被认为是债务国通过政府法令对债权人实施征收，债权人可以依据希腊宪法、欧洲人权公约和国际习惯法基本原则提起诉讼。为避免发生争议，希腊选择了相对间接的手段。在适用希腊法的主权债券中加入集体行动条款并不必然导致主权债券重组，随后还需要债权人依据集体行动条款进行表决。这样既没有直接损害债权人的利益，同时又在一定程度上降低了重组的难度，如果日后出现诉讼争议债务国尚有进行抗辩和回旋的余地，不会像制定立法直接强制实施重组那样容易在争议解决程序中处于被动。此外，希腊在实施主权债务重组过程中不仅需要追求重组结果，同时也要注意维护自身的市场声誉，以免影响日后重返资本市场进行融资。集体行动条款是当前主权债券市场的标准合同条款，它作为最重要的主权债券重组合同约束方法一直被认为是以市场为导向的重组机制。希腊利用集体行动条款的良好口碑，通过立法在适用本国法的主权债券中溯及既往加入集体行动条款，使自己推动重组的措施在外部表现形式上看起来更符合目前市场通行的做法，这有助于减少市场舆论对希腊强制推动主权债务重组的措施产生质疑和排斥。但从本质上分析，适用本国法的希腊主权债券是由债务国凭借自身拥有的立法权单方溯及既往加入集体行动条款，这其实已经背离了合同约束方法强调债务国与债权人就重组相关事宜事先协商一致的初衷，反而更符合法律规制方法主张通过立法直接规范重组的思路。因此，与其说希腊在适用本国法债券中加入集体行动条款是在运用主权债券重组的合同约束方法，不如说这种做法更接近于主权债券重组的法律规制方法。①

希腊通过立法在适用本国法的主权债券溯及既往加入集体行动条款被证明很大程度上促进了该国主权债券重组的顺利进行，至今尚未有报道由此发生诉讼或争议。希腊主权债务重组中的这一创新实践日后是否会被更多国家复制模仿目前还不得而知，不过这种做法可能引发的法律问题值得引起注意。债务国的本国债权人可能会依据该国宪法主张自己的私有财产权受到侵害，而外国债权人（外国投资者）则可能依据国际条约中的征收条款、区域性或双边投资协定主张债务国（东道国）实施了间接征收。②未来如果其他债务国在对适用其本国法的主权债券进行重组时采取了类似希腊的实践，那么就有可能会面临以上分析的法律风险。

3.3.3 希腊主权债务重组的启示

尽管 2012 年希腊主权债务重组自身进行得比较顺利，但是希腊主权债务危机并未因此而得到解决。希腊主权债务重组的实践对于如何有效处置主权债券违约具有重要启示。事实充分说明主权债券违约的有效解决不能在任何时候都完全依靠主权债券重组，更不能单纯依赖以集体行动条款为代表的合同约束方法，理想的方式是多种法律机制统筹协调共同发挥作用。

目前主权债券重组是处置主权债券违约的最重要方法，很多时候，如果债务国能够顺利实施主权债券重组，那么就可以妥善处置主权债券违

① 对于主权债券重组的法律规制方法，下文有专章进行研究。

② 间接征收是指东道国政府采取干预外国投资者行使财产权的各种措施，从而导致其失去实质效用的行为。许多国家法院对间接征收的判定均以比例原则为指导。简要来说，比例原则一是要求政府采取的行为方式必须适合于实现法律规定的目的；二是在若干适合实现法律目的的行为方式中政府必须选用其中对私人造成最小损害的；三是必要的政府行为对私人造成损害与使社会获益应当成比例。参见徐崇利：《利益平衡与对外资间接征收的认定及补偿》，载《环球法律评论》，2008（6）。

约。但是在一些情况下，特别是当债务国已经严重丧失债务可持续性时，仅仅依靠实施主权债券重组可能无法从根本上彻底解决主权债券违约问题，必须把重组削减现有债务与进一步获得外部新融资有效结合，同时妥善应对处置抵制重组债权人提起的诉讼。事实上，希腊政府并不是没有意识到这些问题，除了通过主权债务重组削减现有债务外，希腊还积极向IMF、欧盟以及各国政府寻求国际官方救助，希腊之所以把主权债务重组的范围限制在私人债权人持有的主权债券，很大一部分原因是由于整体重组全部主权债务会触及欧盟等官方债权人利益，从而失去获得国际官方救助的机会。这种做法的背后其实存在一个矛盾。希腊对官方债权人的债务占其负债的很大比例，仅对欧洲央行的负债就占了全部主权债务的16.3%。如果对官方债权人的债务进行重组必将影响希腊获得国际官方救助，但是不对官方债权人的债务实施重组就无法有效削减希腊现有的负债负担。此外，希腊在主权债务重组结束后对抵制重组的债权人进行了全额清偿，这种宽容态度背后的主要考虑是不希望少数抵制重组债权人通过诉讼和舆论等手段不断纠缠，影响希腊在实施重组之后重返资本市场获得市场化融资。这种做法又带来了第二个矛盾。希腊向抵制重组债权人妥协相当于把接受重组债权人节省下来的资金用于全额清偿抵制重组债权人，这会让更多债权人产生"搭便车"心理，寄希望于其他债权人接受重组而使自己获得全额清偿，并未完全摆脱债务危机的希腊如果未来再次进行重组，抵制重组的问题有可能将会更加严重；但是希腊如果此次不对抵制重组的债权人妥协，这些债权人则会立即通过诉讼对希腊施加压力，并通过媒体宣传等方式破坏市场信心，从而影响希腊在资本市场发债获得新融资。正是由于这些矛盾和问题的存在，导致希腊没有能够彻底有效地化解主权债务危机。

本章认为，解决希腊主权债务重组暴露的上述矛盾和问题，关键在于构建更加全面和完善的主权债券违约处置法律制度。首先，国际组织和各国向债务国提供的国际官方救助应当更加规范化和制度化，特别是IMF和欧盟等国际组织应在提供国际官方救助时应保持独立公正的地位，并注意协调与主权债券重组之间的关系。其次，如果主权债券重组的法律规制方法得以建立，债务国就有可能通过优先权融资制度从私人债权人处获得新的外部融资，而不必完全依靠官方机构提供国际官方救助。最后，如果主权债券违约诉讼法律制度得以完善，就可以有效规范抵制重组债权人提起的诉讼，并限制诉讼产生的负面影响。以上三个方面建议，在下文研究国际官方救助制度、主权债券重组的法律规制方法和主权债券违约诉讼制度的三个部分中会分别进行详细论述，此处不再展开。总之，希腊主权债务重组的实践说明近年来主权债券违约的规模和严重性正在趋于扩大，目前现行的以集体行动条款为代表的主权债券重组合同约束方法虽然解决了主权债券重组中的一些难题，但是也很难做到完全有效规范主权债券重组，更无法完全有效处置主权债券违约，国际社会应当尽早考虑着手构建成体系、规范化的主权债券违约处置法律制度。

3.4 对 2000 年厄瓜多尔主权债券重组的分析

除 2012 年希腊主权债务重组，从法律角度来看 2000 年厄瓜多尔进行的主权债券重组也是该领域非常具有代表性的实践，其中涉及另外一种重要的主权债券重组的合同约束方法——退出同意。

3.4.1 退出同意概述

退出同意（Exit Consents）也称退出修改（Exit Amendments），是指债务人提出的重组方案包含债券置换计划和退出同意两个组成部分，其中债券置换计划拟将债权人持有的原有债券置换为债务人按重组条件发行的新债券，而退出同意则要求接受债券置换计划的债权人在取得新债券并退出原有债权时表决同意修改原有债券合同的非支付条款，退出同意与债券置换计划相互捆绑，债权人接受退出同意是实施债券置换的前提条件。

如前文所述，主权债券的合同条款可划分为支付条款和非支付条款，①由于支付条款与主权债券重组直接相关，在集体行动条款普及之前适用纽约州法的主权债券往往规定修改支付条款必须取得全体债权人一致同意，而非支付条款与主权债券重组无直接联系，一直以来主权债券合同通常都规定修改支付条款只需取得债务国和一定比例债权人同意即可，而无须获得全体债权人的一致同意。②退出同意正是利用这一修改合同条款方面的市场惯例，以债券置换计划吸引足够多数比例的债权人同意在退出之际对原有债券的非支付条款作出修改，削弱非支付条款赋予债权人的权利以及为债权人提供的保护，影响债券的市场价值，降低债权人继续持有债券的意愿，间接迫使还在抵制重组的债权人最终不得不同意接受重组方案。

运用退出同意需要满足一定的条件。首先，原有债券合同中必须规定修改合同非支付条款无须全体债权人一致同意，而只要一定比例债权人同意即可，否则修改非支付条款与修改支付条款的难度是一样的，也就没有必要使用退出同意；其次，债务国提出的重组方案必须对多数债权人而言相对合理，从而吸引足够多数比例的债权人同意接受债券置换计划并同时支持修改合同非支付条款，否则退出同意也就无法实现对非支付条款的修改。

由此可见，退出同意在本质上是债务国和债权人之间根据主权债券合同事先规定的关于日后修改合同条款的约定来推动实施主权债券重组，因此退出同意属于一种主权债券重组的合同约束方法。实践中，退出同意最早出现于公司债券重组，2000年厄瓜多尔主权债券重组是退出同意首次被运用于主权债券的重组。

3.4.2 法律角度的分析

由于受到厄尔尼诺气候以及主要出口产品价格下跌等原因的影响，厄

---

① 参见本章前文"3.2.1 集体行动条款概述"中对支付条款和非支付条款的介绍。
② 参见本章前文"3.2.2 集体行动条款在英国和美国产生背景的对比分析"对于一致行动条款、多数行动条款等内容的论述。

瓜多尔于 1999 年发生主权债券违约，2000 年 7 月厄瓜多尔决定实施主权债券重组。由于当时的主权债券合同中不含有集体行动条款，厄瓜多尔无法通过行使集体行动条款直接修改债券支付条款来实现重组。为此，厄瓜多尔的基本重组方案是实施债券置换，拟将同意重组债权人原先持有的主权债券置换为依据重组方案新发行的主权债券，为鼓励债权人接受债务置换，厄瓜多尔采取了以现金支付部分逾期利息、承诺逐年在二级市场回购一定比例债券等措施。不过 2000 年厄瓜多尔主权债券重组并不只是单纯实施债券置换，厄瓜多尔从法律层面创新了主权债券重组的实践，即把退出同意这一公司债券的重组策略引入主权债券重组领域。具体而言，厄瓜多尔依据主权债券的有关合同条款向债权人提议修改部分主权债券合同的非支付条款，具体修改内容包括：删除消极担保条款，删除交叉违约条款，删除撤销加速到期的前提条件必须是对支付违约进行救济，删除要求债务国必须保持债券在卢森堡股票交易市场上市交易的条款等。这些对原有主权债券合同非支付条款的修改旨在减少主权债券合同对债务国的约束，削弱合同对债权人的保护，从而打压抵制重组的债权人。厄瓜多尔提出的重组方案规定，如果债权人决定接受债券置换取得新债券后退出，则该债权人将被视为已经自动表决同意对原有主权债券的非支付条款进行修改。厄瓜多尔通过在主权债券重组中使用退出同意修改了主权债券的非支付条款，最终实现了 99% 的重组参与率，此后乌拉圭也在 2003 年进行的主权债券重组中使用了退出同意。①

从法律角度分析，退出同意实际是由债务国与多数债权人经过协商修改合同的非支付条款，当然退出同意得以实现的前提是主权债券原合同条款规定允许债务国和达到特定多数比例的债权人日后对非支付条款进行修改，否则退出同意就不存在使用的可能。虽然实务中退出同意与债券置换相互挂钩并几乎是同时发生，但是从法律层面严格来讲，退出同意发生在债券置换之前，此时原有主权债券仍为债权人持有，债权人有权对修改非

3　主权债券重组的合同约束方法

---

① 张虹：《债券交换中的"退出同意"策略——以国家债务重组为背景》，载《法学》，2006 (11)。

支付条款进行表决。而一旦经过债券置换之后，债权人取得了新的主权债券，原有的主权债券为债务国自己持有，根据主权债券合同通行的剥夺权利条款，债务国自己持有的主权债券无权参与对修改非支付条款的表决，债务国就不再可能实现对非支付条款的修改。[①]尽管债务国自身持有的原有主权债券在实施债券置换后无权参与投票表决，但少数抵制重组的债权人也无法再次发起表决将非支付条款修改回原状，因为修改非支付条款还需得到债务国的同意，债务国虽无法以持有债券的债权人身份参与表决，但是仍可以以债务人的身份单方面否决再次修改非支付条款的提议。

3.4.3　厄瓜多尔主权债券重组的启示

2000 年厄瓜多尔主权债券重组的重要意义在于将退出同意作为一种主权债券重组的合同约束方法应用于实践。在多数债权人已同意接受主权债券重组的情况下，退出同意可以促使尚未同意重组的少数债权人转而接受重组，进一步推动主权债券重组的顺利进行。不过由于退出同意对少数抵制重组的债权人施加了某种程度的打压和胁迫，因此少数抵制重组的债权人有可能会质疑债务国实施退出同意的合法性。

对于退出同意的合法性问题，主权债券重组领域还没有发生围绕此问题进行的诉讼案件。在公司债券领域，美国法院于 1986 年就已经通过判例原则上认可了退出同意的合法性，而英国法院 2012 年的最新案例对退出同意的合法性则持更为严格和审慎的态度。在 Katz 诉 Oak Industries, Inc. 案中美国法院认为，首先，应当从严解释债券合同条款，除非合同中有明确规定，否则不认为债权人之间、债务人与债权人之间负有默示的信义义务；其次，即便退出同意可被认为是胁迫行为，这一胁迫特性本身只具有有限的分析功能，重点应是分析这一胁迫行为是否是错误的；最后，从法律角度审查债务人是否违背了与债权人公平诚信进行交易的义务，适当的方法是判断如果最初当事方就主权债券合同条款进行谈判时能够预见日后债务人会实施债券置换并同时使用退出同意，那么他们是否会禁止实

---

① 参见本章前文"3.2.4.2 当前的主要应对措施"对剥夺权利条款的介绍。

施这一行为；本案中债务人提出的以现金置换债券的方案超出了债券目前现有的市场价值，即便债券合同当事方最初可以预见到也不会阻止实施这一债券置换。①分析 Katz 诉 Oak Industries，Inc. 案可以发现，美国法院不认为实施退出同意本身就直接构成违法，法院进行审查的重点是根据实际情况以最初谈判债券合同当事方的视角来判断他们会接受还是拒绝债券置换计划以及退出同意。这样的标准虽然会赋予法院一定的自由裁量权，但如果债券置换计划和退出同意能够获得多数债权人的同意，那么法院应该就不会质疑退出同意的合法性。事实也证明，自 Katz 诉 Oak Industries，Inc. 案之后退出同意这一技巧在公司债券置换中得到了反复使用。②在 Assenagon Asset Management SA 诉 Irish Bank Resolution Corporation Ltd. 案中，英国法院则判决债务人实施的退出同意违法，其中重要原因之一是认为债务人向接受重组的债权人和拒绝重组的债权人提供了不均等的利益价值，退出同意严重损害了拒绝重组债权人持有债券的价值，法院认为适当使用退出同意不应对少数拒绝重组债权人的债券价值造成损害，而是保证债务人在不需要获得每一个债权人同意的情况下可对现有合同条款进行修改。③可见英国法院审查退出同意合法性的标准更高，法院很难认可对少数抵制重组债权人造成不公平或惩罚性后果的退出同意的合法性。如果依据 2012 年英国法院在 Assenagon Asset Management SA 诉 Irish Bank Resolution Corporation Ltd. 案中所采用的标准审查 2000 年厄瓜多尔主权债券重组中对退出同意策略的运用，那么厄瓜多尔利用退出同意对主权债券合同条款的修改很有可能会被认为严重损害了少数抵制重组债权人的利益，从而判决退出同意不合法。

综合分析美国法院和英国法院关于公司债券重组中运用退出同意的判决可以推论，如债务国在主权债券重组过程中使用退出同意，实施退出同

---

① Katz v. Oak Industries, Inc. , 508 A. 2d 873, 879–882 (Del. Ch. 1986).

② Marcel Kahan, *The Qualified Case Against Mandatory Terms In Bonds*, 89 Northwestern University Law Review 565, 618 (1995).

③ Assenagon Asset Management SA v. Irish Bank Resolution Corporation Ltd. , [2012] Ewhc 2090 (Ch) (Ewhc 2012).

意这一行为本身并不必然会因为对债权人进行了胁迫而被法院认为不合法，但是法院会从公平交易以及保护少数债权人利益的角度对债务国具体运用退出同意的过程进行实质性审查，法院对此问题拥有一定的自由裁量权，并且英国法院的判断标准要比美国法院更为严格。

3.5 本章小结

主权债券重组的合同约束方法是当前规范主权债券重组的主要方法，在实践中对于推动主权债券实现迅速有序重组以及妥善处置主权债券违约发挥了积极的作用，但它也存在有待进一步完善的空间。以本章前面的研究作为基础，以下提出有关主权债券重组法律规制方法的建议。

首先，建议合同约束方法应进一步采取相应措施保护债权人利益。前文已经分析过，目前合同约束方法更侧重强调解决主权债券重组过程中的债权人协调问题，合同约束方法降低重组难度和排除少数债权人干扰的功能被摆到突出位置，而债务国滥用合同约束方法损害少数债权人利益的潜在风险至今还没有能够通过充分的措施予以防范。今后，国际社会完善主权债券重组合同约束方法的工作重点应适当转向债权人利益保护问题，避免债务国以牺牲少数债权人利益为代价强行推动重组。以集体行动条款为例，最新设计的单分支集体行动条款已经通过合并各发行批次债券把重组表决的难度降低到了极致，而对债权人的保护措施却没有相应跟上，除了目前已经使用的相同适用条件和剥夺权利条款外，还需要继续采用其他措施落实对少数债权人利益的保护。本章认为，主权债券重组的合同约束方法可从事前防范措施和事后救济措施两个方面加强对债权人利益的保护。在事前防范措施方面，合同约束方法可通过强化债务国的信息披露义务实现对债权人的保护。第一，债务国在主权债券融资文件中应当对本次债券发行所采用的合同约束方法具体内容加以突出和强调，并对所采用的合同约束方法在未来发生主权债券重组时可能导致的后果事先予以明确告知，使潜在投资者可以基于披露信息充分评估风险后自行决定是否买入主权债券。第二，合同约束方法应配套规定债务国在实施主权债券重组前和重组后必须强制性承担一系列信息披露义务，以使债权人能以充分的信息为依托在重组表决中作出自己的决定，并在重组结束后可以及时核查是否存在损害少数债权人利益的情形。比如，债务国在实施重组前应披露财政状况、拟寻求的国际官方援助、拟免予重组债务的范围等，在实施重组后应披露每一发行批次债券的重组表决情况和债务削减情况等。在事后救济措施方面，建议合同约束方法可以规定在主权债券重组过程中由于实际运用合同约束方法所引发的争议可单独提起诉讼。由于现阶段针对主权国家有效执行法院判决的难度较大，以诉讼方式全面解决主权债券违约依然是困难重重。①但是国际社会可以考虑，如果对债务国实际运用合同约束方法推动主权债券重组的行为产生争议，在经过一定比例债权人同意后可允许债权人先行就此单独提起诉讼，由具有管辖权的法院对债务国是否适当依据合同约束方法实施了重组进行裁决。上述争议的法院判决只是裁定依据合同约束方法实施的主权债券重组是否有效，并不涉及执行债务国的国家财产，因此从实务角度具有可行性。如果能够在合同约束方法中预先规定合同约束方法被滥用时的事后救济措施，这将在一定程度上起到防止合同约束方法被违约债务国滥用的作用。

其次，建议主权债券市场统一推广使用由分批次式集体行动条款和两分支集体行动条款作为可选项的菜单式集体行动条款作为市场通行的合同条款，并慎重使用单分支集体行动条款。集体行动条款是目前最重要的合同约束方法，对于解决主权债券重组中的债权人协调问题发挥了积极作用。集体行动条款历经发展已经先后出现分批次式、两分支、单分支集体行动条款。目前各国已发行的存量主权债券中既有不含集体行动条款的，也有含有集体行动条款的，在含有集体行动条款的主权债券中分批次式、两分支、单分支以及可选择的菜单式集体行动条款同时并存，甚至一个国家已发行的主权债券可能包含上述提到的各种类型集体行动条款。如果债

① 下文"主权债券违约诉讼制度"一章中有详细论述。

务国发生主权债券违约后拟对违约债券实施重组，集体行动条款使用情况的不统一容易造成重组进程的混乱，影响重组的效率。对于各国已发行的存量主权债券上述情况已经无法改变，只能等待债券到期。当然如果有必要，债务国也可以考虑由与债权人进行协商，发行包含统一标准版本集体行动条款的新债券去置换现有的主权债券。对于日后新发行的主权债券，国际社会应当尽快就推广使用标准化集体行动条款达成一致。本章认为，至少现阶段应当慎重推广使用单分支集体行动条款，而是将已经得到实践检验的分批次式集体行动条款和两分支集体行动条款作为标准化合同条款在各国新发行的主权债券中推广使用。如前文所述，由分批次式集体行动条款和两分支集体行动条款作为可选项的菜单式集体行动条款目前在欧元区各国政府新发行的主权债券中已经得到强制使用，这也为进一步推广使用这一类型的集体行动条款奠定了良好的市场基础。而单分支集体行动条款虽然能将重组表决的难度降至最低，但同时也最容易被债务国滥用损害少数债权人利益。此外，由于问世时间较短，目前只有很少比例的主权债券中约定了单分支集体行动条款，特别是它还没有像分批次式集体行动条款和两分支集体行动条款那样已被实际应用到主权债券重组。英国的金融市场法律委员会（Financial Markets Law Committee，FMLC）于 2014 年从法律角度对单分支集体行动条款进行分析后指出，适当起草的单分支集体行动条款本身一般应当具有法律执行力，但是在实践中如果实际运用单分支集体行动条款时存在压迫、恶意或者不充分披露信息，则有可能导致集体行动条款法律效力存在瑕疵。①单分支集体行动条款是否会因被滥用而引发债权人的诉讼还有待实践进一步检验，建议至少在目前暂时不宜继续扩大单分支集体行动条款的使用范围。

---

① Financial Markets Law Committee, *Sovereign Debt - Collective Action Clauses*, FMLC Papers 1, 9 (2015). 金融市场法律委员会最初由英格兰银行建立，目前以独立于英格兰银行并注册成为公司，金融市场法律委员会旨在发现金融市场存在的法律问题并提出建议，此外金融市场法律委员的另一个宗旨是帮助法院跟踪了解金融市场的最新发展。

主权债券重组的法律规制方法

除了目前在实践中已经得到应用的主权债券重组的合同约束方法，主权债券重组的法律规制方法在理论上是调整规范主权债券重组的另外一种选择。尽管十多年前在关于如何有效推动主权债券重组的讨论中，国际社会经过权衡比较，选择了合同约束方法而搁置了法律规制方法，但是法律规制方法并未因此遭到彻底抛弃，相关的研究工作还在继续深入，不断有专家学者提出新的关于运用法律规制方法实施主权债券重组的建议。特别是欧洲主权债务危机爆发后，合同约束方法暴露出的问题再次引发了关于合同约束方法和法律规制方法的讨论，国际社会开始检讨合同约束方法的不足，并重新审视运用法律规制方法规范主权债券重组的可能。本章对主权债券重组的法律规制方法进行系统研究，着重分析了在法律规制方法中占有重要地位的主权债务重组机制（SDRM），并对法律规制方法的最新发展趋势进行展望，最后从法律角度对运用法律规制方法规范主权债券重组进行总结并提出建议。

4.1 对法律规制方法的总体研究

与合同约束方法强调通过主权债券合同条款推动重组不同，主权债券重组的法律规制方法（Statutory Approach）是指通过国际条约建立直接规范主权债券重组的统一法律制度框架。提到法律规制方法时，很多相关研究便直接指向 IMF 曾经倡导的主权债务重组机制（Sovereign Debt Restructuring Mechanism，SDRM），有的还将 SDRM 等同于法律规制方法。但是严格来讲，SDRM 是迄今为止最典型和最有影响力的法律规制方法，除此之外还有很多其他关于主权债券重组的制度设计也是属于法律规制方法。特别是在 IMF 已经搁置 SDRM 的背景下，把法律规制方法完全与 SDRM 画等号将会缩小法律规制方法的研究范围，忽视法律规制方法的最新发展，降低研究法律规制方法的实际意义，因此对法律规制方法的研究应首先着眼于整体而不是仅仅局限于 SDRM。

此外需要注意的是，法律规制方法虽然从广义上讲是整体规范主权债务重组的法律制度，但是实际上由于各国和国际组织的反对，各种法律规制方法通常都会设计成不适用于官方债权人向债务国提供的主权贷款，因此可以说法律规制方法主要就是用于规范主权债券重组的法律制度。①

4.1.1 法律规制方法的主要理论观点

虽然法律规制方法至今还未能得到实际应用，但其理论观点已经较为丰富，最广为人知的法律规制方法理论是 IMF 于 2001 年提出的 SDRM，不过法律规制方法其实早在 20 世纪 80 年代初期就已经提出。1981 年克里斯托弗·奥斯克利（Christopher Oeschsli）首次提出将《美国破产法》第11 章的相关程序用于解决不发达国家债务重组问题。②此后伴随着历次主权债务危机的发生，学者们不断提出以法律规制方法解决主权债券重组的具体构想，法律规制方法的理论因此逐步丰富起来。后文将对 SDRM 有更详细的论述，此处对除 SDRM 之外重要的法律规制方法理论观点加以简要概括。

1995 年墨西哥比索危机发生后著名经济学家杰弗里·萨克斯（Jeffrey Sachs）在一次演讲中提出将国家破产的概念引入主权借贷领域，并建议在实施主权债务重组时模仿《美国破产法》第 11 章关于公司重整的两项制度——在重整开始后冻结债权人的执行措施和占有债务人融资制度。③虽然杰弗里·萨克斯作为经济学家并没有提出完整的法律制度设计，但是国家破产概念的提出对于法律规制方法的发展具有重要意义。2000 年杜克大学法学教授史蒂文·施瓦茨（Steven Schwarcz）进一步论述了国家破产制度。④他支持引入 DIP 融资制度，同时也对杰弗里·萨克斯的观点进

---

① 详见本章关于"SDRM 的适用范围"的具体论述。

② Christopher Oeschsli, *Procedural Guidelines for Renegotiating LDC Debt: An Analogy To Chapter* 11 *of the U. S. Bankruptcy Reform Act*, 21 Virginia Journal of International Law, 305 (1981).

③ Jeffrey Sachs, *Do We Need an International Lender of Last Resort*?, Frank D. Graham Lecture, Princeton University (20 April 1995).

④ Steven L. Schwarcz, *Sovereign Debt Restructuring: A Bankruptcy Reorganization Approach*, 85 Cornell Law Review, 956 (2000).

行了修正和发展，认为国家破产程序只能由债务国发起并且无须引入公司重整中有关中止债权人诉讼的制度。20 世纪 90 年代，由宗教团体倡导的旨在推动减免发展中国家债务的朱比利债务减免运动（Jubilee Debt Relief Movement）提出了公平和透明仲裁程序用于解决主权债券重组。①该仲裁程序以《美国破产法》第 9 章地方政府债务调整制度（市政破产）为蓝本，主张建立完全中立的仲裁机构管辖主权债券重组，并强调重组过程应注意保护债务国居民的社会服务需求。2002 年跨国破产法律师理查德·吉特林（Richard Gitlin）提出通过调解程序解决主权债券重组。②这一调解程序实际上是一种弱化了的法律规制方法，它不需要依靠各国缔结条约来建立正式的重组法规框架，而是由第三方居中对重组谈判进行调解并对重组计划草案加以评估。以上法律规制方法的理论几乎全部要早于 SDRM 提出，正是在总结这些重要理论的基础上 IMF 制定形成了具有广泛影响力的 SDRM。

4.1.2 法律规制方法的基本特点

总结上文法律规制方法的主要理论观点，可以发现主权债券重组的法律规制方法具有以下一些特点。

第一，法律规制方法的基本思路是建立类似国内破产法的破产重整法律制度来规范主权债券重组，使原来完全依靠债务国和债权人自愿协商的重组置于一定法律规范调整之下，从而解决重组过程中难以有效协调众多债权人等问题。

第二，法律规制方法的具体制度设计很大程度都是借鉴了美国破产法的相关原则和规定。这不仅因为美国政治、经济和法律制度整体上的巨大影响力，更是因为美国破产法注重保护债务人利益的理念适合解决主权国家作为债务人的特殊情况。美国破产法中所确立的原则，特别是保护债务

---

① Erlassjahr. De, *A Fai and Transparent Arbitration Process for Indebted Southern Countries*, Jubilee USA Network（8 February 2016），http：//www. jubileeusa. org/whatwedo/ftap. html.

② Richard Gitlin, *A Proposal：Sovereign Debt Forum*, Presentation at the U. N. Financing for Development Conference, Monterrey Mexico（2002）.

人利益的理念，对其他国家的立法产生了重大的影响，并成为 20 世纪末世界范围的破产法改革运动的范本。①因此主权债券重组的法律规制方法在援引国内破产法的重整制度时通常优先考虑以美国破产法为蓝本。

第三，由于法律规制方法与国内破产法之间的密切联系，破产这一原本适用于公司企业的概念开始被延伸至国际法领域，出现了"国家破产"（Sovereign Bankruptcy）的概念。

4.1.3 对"国家破产"概念的分析

在讨论主权债券违约处置问题时经常会涉及"国家破产"这一概念，当一国发生主权债券违约时该国的总体财政状况通常已出现严重问题，此种情况下该国有时会被外界形容为"国家破产"。由于目前对"国家破产"还存在着不同的理解和认识，此处对"国家破产"进行简要分析。

欧洲主权债务危机爆发后，某国濒临"国家破产"这样吸引眼球的新闻报道开始频繁出现。冰岛经常会与"国家破产"联系在一起，这一说法主要源于 2008 年 8 月 6 日冰岛总理盖尔·希尔马·哈尔德发（Geir Hilmar Haarde）发表的电视讲话。在该讲话中，冰岛总理承认本国银行负债已是国内生产总值的数倍，号召国民保持冷静，共同战胜危机，并承诺保证其存款和退休金的安全。虽然讲话中提到"同胞们，目前存在非常现实的危险，在最坏情况下冰岛经济将随银行一起卷入旋涡，其结果可以是国家破产"。②不过这里的"国家破产"并不是说冰岛已经发生或者即将发生所谓"国家破产"，而只是在形容经济危机对该国有可能造成的严重后果。在通篇阅读讲话后就可以发现，冰岛总理并不是意在强调该国的危机已无法解决，而是认为虽然眼前困难重重但是国家未来前景光明，比如"尽管存在阻碍，但国家的未来是有把握而且光明的"、"社会和经济的基础是坚实的"以及"我们有机会重建金融体系"等。很多媒体在报道"国家破产"的新闻时对于什么是"国家破产"并未予以进一步解释，这

① 徐光东：《破产法——美的经验与启示》，载《西南政法大学学报》，2008（5）。

② Geir Hilmar Haarde, Financial Crisis: Full Statement By Iceland's Prime Minister Geir Haarde, The Telegraph, 6 October 2008, at A3.

就容易造成对"国家破产"的误读。①其实一些规范的新闻报道会注意这一问题，在谈及"国家破产"的话题时会对相关背景信息进行交代。比如《人民日报海外版》报道冰岛债务危机时对"国家破产"就进行了必要的解释。专家指出，在国家主权神圣不可侵犯的今天，"国家破产"是形容词或是惊叹词，慨叹国家经济处于危机时刻。如此来讲，冰岛的国家破产不会成为现实，因为没有机构有权力接收一个拥有独立主权的国家；②再如《民营经济报》也解释了"国家破产"的含义："国家破产"只是一个形容词。意思是说，它不是一个动词，并不预示着一个国家马上就会改换门庭，而只是用于形容一个国家经济形势之危急。③此外一些专家通对"国家破产"这一概念也已进行过澄清和解释。比如中国社会科学院金融研究所研究员周茂清表示，所谓"国家破产"，是指国家财政入不敷出，而且没有后续收入来源，使国家的正常职能无法维持下去，"国家破产"只是借用了企业经营上的一个术语，不是指国家消亡了，也不是说这个国家就可以像企业那样被别的国家或联合国之类收购或吞并，被剥夺主权；④经济学家徐东华认为，"国家破产"是一个新名词，实际上是把经济学名词引用到国家领域，是一种虚拟说法，拿国家和企业类比的说法，实际上国家不可能像企业一样破产；"国家破产"是一种货币现象，属于经济增长和经济发展的价值层面，"国家破产"是指一个国家不能按期偿还债务，而不能按期偿还债务的原因直接来源于金融危机的冲击。⑤由此可见，很多新闻报道中提到的"国家破产"并不是严格意义的法律概念，而只是在使用破产来形容一国陷入严重的主权债务危机，在现实中不会出现一国政府因为"破产"而灭亡、被接管或者国家财产被清算等

① 比如，一篇报道阿根廷主权债务违约的文章。参见樊弓：《一个国家的破产——解读阿根廷命运》，载《南风窗》，2002（4）。写道"2001年12月，阿根廷政府面临高额外债，宣布停止偿还本息。事实上等于宣布政府破产"。该文虽然提及"政府破产"，但对何谓"政府破产"并没有作进一步解释，事实上该文所说的"政府破产"其实是在指阿根廷发生严重的主权债务危机。
② 张红：《冰岛：一个国家破产的传说》，载《人民日报海外版》，2008-11-12。
③ 舒圣祥：《难道"国家破产"真的一点不可怕吗？》，载《民营经济报》，2008-10-16。
④ 施中杰：《国家破产 无奈还是无赖》，载《东北之窗》，2008（21）。
⑤ 肖丕楚：《"国家破产"问题的政治经济学解释》，载《经济问题》，2010（2）。

违背债务国意志来强制处置主权债务危机的情形。

除新闻报道之外，学术界对"国家破产"制度进行了更深入的研究。学术界对"国家破产"制度的理论研究是在探讨如何从国际法层面建立类似于国内破产法的"国家破产"制度，即通过构建一定的法律机制来妥善处置主权债务违约问题。国家破产法是指由于主权国家负债过多而无力偿还或出现无力偿还的危险时，为了保护债务国和债权人的利益并促使债务国和债权人之间迅速和有序地达成平等的债务重组协议，以促进债务国经济复苏、防止债务危机扩大并最终解决债务危机的一种国际法律制度。[①]此外，由于2001年底IMF提出了SDRM，在2002年前后一些学者在对"国家破产"制度进行的研究是在专门谈论分析由IMF提出SDRM。[②]学术界对"国家破产"制度的研究不是对国内破产法简单的照搬和复制，国家主权原则这一国际法的基本原则从来没有被突破，在"国家破产"制度中不存在违背债务国意志强行清算其国家财产或强制接管债务国这样侵犯一国主权的制度安排，因此学术界所研究的"国家破产"制度在本质上仍然是属于主权债券重组的法律规制方法。对于破产法有广义、狭义两种含义的理解，狭义的破产法专指与破产清算有关的法律制度，广义的破产法包括除破产清算之外的各种以避免破产为目的的和解、重整等法律制度。[③]如果从破产法的含义来审视"国家破产"制度，"国家破产"制度只是针对违约债务国的债务重组制度，而不是针对债务国的破产清算制度。

总之，"国家破产"概念包含两层含义：一是用"国家破产"来形容一国无力偿还过多的主权债务而深陷危机的状态；二是学术角度用"国家破产"来指代一种主权债券重组的法律规制方法。无论是哪种含义，"国家破产"都不会导致国家灭亡、被接管或者国家财产被强制清算，在

---

① 李双元、曾炜：《国家破产——主权债务重组研究》，载《时代法学》，2003（1）。

② 北京师范大学金融研究中心"国家破产机制"课题组：《面临主权让渡挑战——国家破产机制的进展及其影响》，载《国际贸易》，2003（3）；钟伟：《IMF的国家破产机制》，载《中国外汇管理》，2003（1）。

③ 王欣新：《破产法专题研究》，北京，法律出版社，2002。

使用"国家破产"概念时应当进行必要的说明。

4.1.4 法律规制方法的内容差异化

尽管法律规制方法的不同理论观点在基本思路上大体一致，但是在具体内容上还是存在着差异，这些差异主要体现在借鉴国内破产法重整制度时对重整制度的基本原则存在不同立场。国内破产法重整制度一般具有如下原则：在重整谈判过程中冻结债权人强制执行；在冻结期间采取措施保护债权人的利益；促进债务人在破产程序期间获得新的资金；有资格的大多数债权人同意的重整条件约束所有相关的债权人。①根据上述基本原则，国内破产法重整制度虽然提倡引导债务人与债权人自愿达成重整计划，但同时也会通过一定的法律规范推动重整顺利进行，特别是法院可能会通过行使一定权力来影响重整。法律规制方法通过引入国内破产法的重整制度来规范主权债券重组时必然会对债务国和债权人原有的合同关系造成干预和约束，考虑到主权国家作为债务人的特殊性甚至会对债务国的国家主权产生影响。因此法律规制方法在构建调整主权债券重组的法律框架时不可能全盘采纳国内破产法重整制度的基本原则，而是必须有选择地采纳、调整或者放弃，这就造成了不同法律规制方法理论在内容上的差异。

法律规制方法的不同理论观点实质上都是在探索如何为调整规范主权债券重组建立最佳的法律框架。法律规制方法要想应用于实践，首先就要注重制度的可操作性，使其可以被各利益相关方特别是主权国家接受。虽然法律规制方法目前还仅是停留在理论研究阶段，但理论研究的目的是指导实践，如果法律规制方法由于过于理想化而欠缺可操作性，那么它就不会被国际社会所接受。另外，法律规制方法还要兼顾制度的实际实施效果，如果为了能被各方所接受而过于弱化制度的强制力，那么法律规制方法就难以真正发挥推动主权债券迅速有序重组的实际效果。总之，法律规制方法不同理论观点在内容上的差异化实际上反映它们对法律规制方法的可操作性和实施效果之间的权衡取舍。

---

① 李双元、曾炜：《国家破产——主权债务重组研究》，载《时代法学》，2003（1）。

4.2 对主权债务重组机制（SDRM）的研究

研究主权债券重组的法律规制方法就不能不去深入系统研究 IMF 制定的主权债务重组机制（SDRM）。SDRM 由 IMF 领导经济、法律等相关领域权威专家精心设计而成，尽管 SDRM 由于未能获得国际社会的足够支持而被搁置，但它无疑是迄今为止最有影响力的法律规制方法，深入分析 SDRM 对进一步发展完善法律规制方法和主权债券违约处置法律制度都有着积极意义。

4.2.1　SDRM 概述

在研究 SDRM 具体制度安排之前，应当先从 SDRM 的产生背景、目标、基本原则、适用范围以及法律基础几个方面对 SDRM 进行概述。

4.2.1.1　SDRM 的产生背景和基本目标

"二战"后，国际社会处置历次主权债务危机的实践是促使 IMF 试图建立 SDRM 的重要原因。随着 20 世纪 80 年代拉美主权债务危机爆发，以法律规制方法实现主权债务违约的理论首次出现。1995 年墨西哥比索危机爆发后再度掀起了关于主权债务重组的讨论，此时主权债务的主要形式已由主权贷款变为主权债券，除了法律规制方法之外，通过合同约束方法规范主权债券重组的主张也被提出。1996 年十国集团发布《雷伊报告》鼓励各国在主权债券中广泛使用以集体行动条款为代表的合同约束方法推动主权债券重组，但是在现实中并没有得到市场积极响应。当集体行动条款首次推广受挫之际，越来越多人开始达成共识，认为应建立一种机制来解决由于主权债券债权人数量众多而被进一步加剧的重组过程中的集体行动问题和债权人协调问题。特别是 2001 年 IMF 向阿根廷提供国际官方救助并没有能使该国避免违约，这更加促使 IMF 决定着手建立体系化的重组制度以期结束当前混乱无序的状况。

除了受主权债务危机的影响，SDRM 的提出与各国政府的态度也有直接关系。欧洲各国对于 IMF 制定 SDRM 普遍持支持态度。美国政府对国际市场中限制债权人权利的制度一贯持反对态度，美国财政部也不支持为主权债务设立国际破产法院的提议，理由是这样做会鼓励债务国违约。①不过上述立场在保罗·奥尼尔（Paul O'Neill）担任美国财政部长时期（2001 年 1 月至 2002 年 12 月）有所缓解。他反对提供国际官方救助解决主权债务危机认为有序的破产程序是可以采取的替代方式。保罗·奥尼尔主张对法律规制方法和合同约束方法采取双规制立场，既鼓励 IMF 建立 SDRM 的尝试，也同意在主权债券市场立即推广使用集体行动条款，让两种方法共存一段时间以检验哪种方法更符合美国的国家利益。②借助美国政府对 SDRM 态度有所松动的机会，2001 年 11 月时任 IMF 第一副总裁的安妮·克鲁格（Anne Krueger）在讲话中首次正式提出建立 SDRM 的构想。③随后 IMF 工作人员展开具体落实工作并于 2002 年 11 月制定了建立 SDRM 的具体建议，由于各方对该版本具体建议的意见较大，IMF 又于 2003 年 4 月对建立 SDRM 的具体建议进行了修改。④

SDRM 的产生背景一定程度上决定了 SDRM 欲实现的目标。作为旨在进一步有效规范主权债务重组的法律框架，SDRM 既要平衡重组中债务国与债权人之间的利益，更要有针对性地解决主权债券重组现存的主要问题和缺陷。根据 IMF 的官方表述，SDRM 的基本目标是协助对不可持续的主权债务进行有序、可预见、迅速的重组，与此同时保护资产价值和债权人的利益。

4.2.1.2　SDRM 的基本原则

SDRM 的制度设计由一系列基本原则引导，包括：建立 SDRM 意在填

---

①　Lucio Simpsom, *The Role of the IMF In Debt Restructurings*, 40 G – 24 Discussion Paper Series 1, 3 (2006).

②　Paul H. O'Neill, Treasury Secretary Paul H. O'Neill Remarks To the Bond Market Association, New York City, 25 January 2002.

③　Anne O. Kruger, *A New Approach To Sovereign Debt Restructuring*, IMF（8 December 2015）, http：//www. imf. org/external/pubs/ft/exrp/sdrm/eng/sdrm. pdf.

④　IMF 关于建立 SDRM 的具体建议是 The Design of the Sovereign Debt Restructuring Mechanism—Further Considerations（2002）和 Proposed Features of a Sovereign Debt Restructuring Mechanism（2003）。

补现有金融制度的空白而不是取代目前的法律框架；SDRM 不干涉债务国主权；SDRM 应鼓励债权人迅速积极参与重组程序；任何对债务国和债权人之间合同关系的干预必须限制在解决最重要集体行动问题所需要的措施；SDRM 应促进提高重组过程中的透明度；SDRM 应足够灵活简捷以便适应资本市场的运转和发展；通过有效和公正的争议解决程序来保证SDRM 项下决策程序的公正性；限制 IMF 在 SDRM 项下的正式角色。上述基本原则直接决定了 SDRM 的主要内容。

4.2.1.3　SDRM 的适用范围

为了减少建立 SDRM 的阻力，IMF 并没有将 SDRM 设计成为整体解决所有主权债务重组的多边法律框架，可以通过 SDRM 实施重组的主权债务（被称为合格主权债务）是有一定范围限制的，一些主权债务并不属于可在 SDRM 项下实施重组的合格主权债务。

首先，SDRM 不适用于纯国内主权债务的重组。根据 SDRM 的规定，合格主权债务不包括准据法适用债务国法律的债务，也不包括争议解决方式接受债务国境内法院专属管辖的债务。其次，SDRM 也不适用于 IMF 等国际组织、巴黎俱乐部成员国等官方债权人向债务国提供的主权贷款的重组。出于维护自身资金安全的考虑，IMF 在制定 SDRM 的过程中始终坚持由 IMF 向其成员国提供的贷款不应属于 SDRM 的调整范围。虽然 IMF 在设计 SDRM 时，最初曾经试图将巴黎俱乐部成员国提供的主权贷款纳入 SDRM 框架之下实施重组，并将其分组为一类单独的重组债务类别，但是这一设想遭到了巴黎俱乐部的坚决反对，最后 IMF 承认由巴黎俱乐部成员国提供的主权贷款原则上可在 SDRM 框架之外平行地进行重组。[①]再者，在具体案例中债务国与债权人协商后还可以自行决定是通过 SDRM 重组全部还是部分合格主权债务。也就是说债务国有权可以根据自己的意愿进一步缩小 SDRM 的实际适用范围。

从 SDRM 的适用范围可以发现，SDRM 虽然从名称上看是主权债务重

---

① IMF, Sovereign *Debt Restructuring Mechanism* (*SDRM*) *Questions and Answers*, IMF (21 December 2015), http：//www. imf. org/external/np/exr/facts/sdrm. htm.

组法律机制，但实际上 SDRM 的适用范围是有限的。SDRM 并不能规范所有主权债务的重组，在把以 IMF 为代表的国际组织、巴黎俱乐部成员国等官方债权人提供的主权贷款排除于适用范围外后，SDRM 实质上主要就是规范主权债券重组的法律机制。

4.2.1.4　SDRM 的法律基础

SDRM 的法律基础需要从国际法和国内法两个层面加以确立。首先，建立 SDRM 直接影响债务国的权利义务，IMF 不要求各国另外单独缔结国际条约，而是拟通过修改《国际货币基金组织协定》（*Articles of Agreement of the International Monetary Fund*，以下简称《IMF 协定》）的方式来建立 SDRM。IMF 的表决制度是以份额为基础的加权投票制和多数表决制的组合。①根据《IMF 协定》第二十八条（a）项的规定，任何关于《IMF 协定》的修正案在提出后应先通知 IMF 理事会主席，然后由其提交 IMF 理事会，经 IMF 理事会通过后，需要由 3/5、并且持有 IMF 总投票权 85% 的成员国同意接受该修正案。通过修改《IMF 协定》的方式建立 SDRM 的好处是不需要所有国家协商一致同意，而只需要获得 3/5 的、并且持有 IMF 总投票权 85% 的成员国同意后就可以约束全体 IMF 成员国，这在一定程度上降低了建立 SDRM 时的难度。其次，建立 SDRM 同样会影响到债权人的权利和义务，而对债权人权利义务的调整不可能直接在国际法层面完成，因此对《IMF 协定》的修改还会涉及为各 IMF 成员国设置条约义务，使 SDRM 的相关规定可以在国内法律体系下产生法律效力从而直接约束债权人，这就需要 IMF 成员国制定或修改国内法落实上述条约义务。只有完成国际法和国内法两个层面的工作 SDRM 才能取得存续的法律基础，在全球范围内形成统一的主权债券重组法律框架。

4.2.2　对 SDRM 核心内容的法律分析

SDRM 是 IMF 在总结借鉴各种法律规制方法基础之上制定形成的，它

---

① 黄梅波、赵国君：《IMF 表决制度：发展中国家的地位及其改革策略》，载《广东社会科学》，2006（6）。

的制度安排在法律规制方法中最为成熟完善并且也最具有代表性，以下对SDRM 的核心内容加以概括并逐项从法律角度进行分析。

4.2.2.1 SDRM 程序的启动和终止

在启动 SDRM 程序方面，只有债务国才可以有权申请启动 SDRM 程序，债务国在申请启动程序时须声明其债务已经不可持续，而其他相关当事方无权对债务国的债务不可持续声明提出异议。在终止 SDRM 程序方面，重组协议达成后 SDRM 程序即自动终止，此外债务国可以单方决定终止 SDRM 程序，另外持有申报债权 40% 以上的债权人也可以决定终止 SDRM 程序。

SDRM 在解决主权债券重组问题时遵循了国际法的基本原则——国家主权原则，只有在债务国自愿的前提下 SDRM 才可以适用于主权债券重组，这排除了债权人单方面强行发起 SDRM 程序实施重组的可能。同时 SDRM 也充分尊重债务国与债权人自愿实施重组的原则，当 SDRM 程序启动后如果债务国或者债权人不认可 SDRM 对主权债券重组的调整则可以终止程序。特别是 SDRM 为债权人行使终止程序的权利设置了相对较低的投票表决门槛——持债权比例 40% 的债权人同意，这使得债务国启动 SDRM 程序后债权人终止程序的难度不至于过大，避免出现多数债权人被债务国挟持强制参与重组，保证了 SDRM 程序在任何阶段至少获得了持债权比例 60% 的债权人支持。同时持债权比例 40% 的债权人同意后方可终止 SDRM 程序，这也有效避免少数抵制重组债权人对重组造成干扰。

此外，SDRM 要求债务国在启动 SDRM 程序时声明其债务不可持续，这表明只有在债务国自己判断其债务不可持续的情况下 SDRM 才会得以适用。债务可持续性问题属于涉及国家经济主权的敏感问题，SDRM 将其完全交由债务国自行判断，并将债务不可持续作为启动 SDRM 程序的前提，这有利于降低由于 SDRM 的存在而鼓励债务国违约的可能性。这与 IMF 救助机制的规定不同，当债务国向 IMF 寻求国际官方救助时，对于债务国债务的可持续性是完全由 IMF 来进行评估判断的。[①]

4.2.2.2　投票表决机制

在 SDRM 项下债权人对重组程序涉及的三项重要事宜进行投票表决：通过重组协议；同意引入优先权融资；冻结债权人的执行措施。[②]如果占申报债权 75% 以上的债权人同意则可以获得通过并对全体债权人产生约束力，但由债务国直接或间接持有的债权无权参与投票。

SDRM 的目标之一是要解决重组过程中债权人集体行动问题，投票表决机制是实现这一目标的主要手段。在本质上 SDRM 的投票表决与合同约束方法中集体行动条款规定的投票表决并无不同，都是通过多数表决机制来约束少数持不同意见的债权人从而实现债权人集体行动推动重组进程。但是在具体表决方式上，SDRM 与合同约束方法存在一定的不同：在 SDRM 项下不去区分债券发行批次分组表决，而是完全合并所有债权一次性表决；在合同约束方法下集体行动条款存在多种类型，现在应用比较广泛的还是按债券发行批次分别表决的分批次式集体行动条款以及对单独一个发行批次和合并所有批次债券的表决结果都有要求的两分支集体行动条款，合并所有债券发行批次的单分支集体行动条款还未被广泛使用。此外，与合同约束方法相比，SDRM 的投票表决事项还多出了是否同意引入优先权融资，这在合同约束方法中是难以实现的。目前还有大量主权债券没有约定集体行动条款，即便通过集体行动条款表决同意引入优先权融资，但是这一安排也无法对不含集体行动条款的债券产生约束力。而 SDRM 项下几乎涵盖了债务国的大部分债权，也就可以作出有约束力的优先权融资安排。

4.2.2.3　对债权人执行措施的限制

SDRM 规定在两种情况下债权人执行其债权的措施将会被冻结：一是整体冻结债权人的执行措施，债务国申请且持有申报债权 75% 以上的债权人同意后可临时冻结所有申报债权；二是个别冻结债权人的执行措施，

---

① 下文"主权债券违约的国际官方救助制度"一章中，有关于 IMF 进行债务国债务可持续性分析的详述。

② 关于优先权融资和冻结债权人的执行措施后续有更详细的论述。

债务国申请且持有申报债权 75% 以上的债权人同意后，如果 SDRM 项下的争议解决机构认为个别债权人执行其债权的行为严重破坏了重组程序则有权作出裁决冻结该债权人的执行措施。另外，SDRM 还借鉴了跨国破产中的破产财团规则（Hotchpot Rules），将债务国的所有财产归入破产财团进行集中管理，如果个别债权人单独通过诉讼等法律程序在重组完成前自行收回了部分债权，那么这部分事先已提前收回的金额将抵消该债权人在重组协议达成后应当获得的金额。

　　SDRM 的重要作用之一就是解决重组过程中少数债权人抵制干扰重组的问题，对债权人执行措施的限制是实现这一作用的主要手段，当满足一定条件时 SDRM 将整体或者个别冻结债权人通过诉讼等法律程序执行债权的措施。在法律规制方法的理论研究中对于冻结债权人的执行措施这一问题历来存在很大争议。一种观点认为 SDRM 应当借鉴《美国破产法》第 11 章的相关规定在重整程序开始后将自动冻结债权人执行其债权的措施，这样才能彻底解决少数债权人的干扰，保证重组程序的顺利进行。在对 SDRM 进行讨论的过程中，有些 IMF 执行董事就持这种观点，认为自动冻结所有债权人的执行措施应该是 SDRM 具备的特点。另外一种观点则认为在主权债券重组的情况下根本没有必要冻结债权人的执行措施，因为债务国的主权国家身份特殊并且其在境外的国家资产有限，这使债权人很难有效执行债务国的财产。只要债务国单方决定了中止还本付息就完全可以产生如同自动冻结债权人执行措施一样的实际效果。更何况即便是在国内法层面，很多国家的破产法都没有采纳美国式的自动冻结执行措施，而是规定有限制的冻结债权人的执行措施，比如在英国法下有担保的债权人就不会被冻结执行措施，甚至有些国家的破产法甚至没有关于冻结债权人执行措施的规定。[①]SDRM 对于是否冻结债权人的执行措施的问题采取了相对折中的做法，即没有规定自动冻结债权人的执行措施，而是通过多数表决机制决定是否冻结全部或者个别债权人的执行措施，这也体现出 IMF 希

---

① Rafael La Porta, Florencio Lopez de Silanes, Andrei Shleifer and Robert W. Vishny, *Law and Finance*, 106 Journal of Political Economy, 1113 (1998).

望尽最大可能保有债权人在主权债券合同项下权利的基本立场。

为降低对冻结债权人执行措施的需求 SDRM 还采用了破产财团规则。这一法律规则的运用在很大程度上降低了债权人抵制重组程序并单独通过诉讼等法律程序主张债权的积极性。但同时也必须注意到，破产财团规则的引入并不能彻底解决个别债权人提起主权债券违约诉讼的问题。因为在一些情况下，诉讼只是被债权人当做谈判策略或者拖延战术来使用，在另外一些情况下，如果债权人通过诉讼成功收回的金额多于其在重组后可以获得的金额，那么破产财团规则也就不再对该债权人产生任何效果。

4.2.2.4 优先权融资制度

SDRM 规定了优先权融资制度，即经过持有申报债权 75% 以上债权人同意，在重组程序开始后提供的新融资可以免予重组，从而使此类新融资与其他债权相比在清偿顺序上取得优先权。SDRM 的优先权融资制度类似于《美国破产法》第 11 章的占有债务人融资制度（DIP 融资制度），旨在帮助债务国在重组程序开始后仍可以吸引到新的资金，以缓解债务国的流动性危机问题。①

法律规制方法对于优先权融资制度的意见较为统一，基本都同意采取该制度以缓解债务国在重组程序开始后难以获得新融资的困境，SDRM 也持同样的态度。值得注意的是，在 SDRM 项下设定优先权融资是由多数债权人同意后即可对全体债权人产生约束力。主权债务一般都没有担保措施，理论上为债权设定优先权可以有约定和法定两种方式。②约定方式指全体债权人通过约定一致自愿同意某一债权优先于自己的债权受清偿；法定方式是法律直接规定某一债权具有优先权地位。SDRM 的优先权融资制度是在多数债权人同意的前提下为新融资设定优先权，它没有经过全体债权人一致同意，因此在本质上还是属于法定优先权，但是在一定程度上同时也兼顾了多数债权人的意愿。不过 SDRM 的优先权融资制度也存在一些缺陷，重组中的债务国吸引新融资往往是急需解决流动性资金缺口，而此

---

① 关于占有债务人融资制度，下文 "IMF 救助贷款优先权的法律依据" 部分有具体介绍。

② 对于如何排除债权的平等性为债权设置优先权，下文 "IMF 救助贷款优先权的法律性质" 部分有详细分析。

时组织现有债权人投票同意赋予新融资优先权可能需要耗费很多时间，难以及时有效地满足债务国对新融资的需求，这就有可能造成优先权融资制度的落空。

4.2.2.5　重组协议

根据 SDRM 的规定由债务国提出重组协议草案。如前所述债务国的部分债权不在 SDRM 项下实施重组，债务国还需要向争议解决机构提供信息告知其计划如何处理这部分不属于 SDRM 实施重组的债权，以便使由 SDRM 实施重组的债权人可以全面知晓其余不由 SDRM 实施重组的其他债权人将获得何种待遇。债务国应当向所有债权人提供相同的重组条件或相同的供选择重组条件，但是为了在有不同偏好的债权人之间推动重组，债务国可以但并非必须对申报的债权进行分组，债务国可向不同组别的债权人提供不同的重组条件，但分组不能在相同情况的债权人之间造成歧视待遇，并且只有每个组别持有申报债权 75% 以上债权人同意整体的重组协议才可获得通过。

4.2.2.6　争议解决机构

SDRM 项下将建立独立公正的主权债务争议解决机构（Sovereign Debt Dispute Resolution Forum，以下简称争议解决机构）。争议解决机构不附属于 IMF，与国内破产法中的法院相比其权力相对有限。争议解决机构在重组进行期间对重组过程中发生的争议拥有专属管辖权，但是无权对与债务可持续性有关的问题作出裁决。根据债务国的申请且经多数债权人同意，如果争议解决机构认为个别债权人执行债权的行为严重破坏了重组程序，则有权作出裁决冻结该债权人的执行措施。此外，争议解决机构还履行一定的行政管理职能，主要包括通知联系债权人、负责，破产债权的申报、管理投票表决事宜等。争议解决机构成立由法官、破产法律师等相关专业人士组成的专家库，当 SDRM 具体程序启动后由争议解决机构主席指定四名专家成立专家组，其中一人负责作出初步决定，其余三人则组成上诉专家组。

SDRM 强调确保争议解决机构的独立性并限制争议解决机构在重组过程中的角色，但是在确定争议解决机构专家库人员组成方面 IMF 实际上具有很大控制力。根据 SDRM 的规定，负责挑选专家库成员的遴选小组是由 IMF 总裁来指定，最终的专家库成员名单也必须经过 IMF 理事会批准。如果由 IMF 掌控争议解决机构的专家人选，这就有可能影响争议解决机构的独立性。

4.2.2.7 其他技术性安排

SDRM 项下的主要技术性安排有：信息提供方面，要求债务国向争议解决机构提供其债务情况的全面信息，包括拟通过 SDRM 进行重组的债务清单，拟在 SDRM 之外进行重组的债务清单，以及不准备进行重组的债务清单，并由争议解决机构负责将上述信息公布。申报债权方面，当债务国提供债务信息后，在拟通过 SDRM 进行重组的债务清单内的债权人可以申报债权，如清单内的债权人不在规定时间内申报债权则将无权参与重组程序中的投票，但是由其他债权人投票通过的重组协议仍将会对不申报债权的债权人产生约束力。成立债权人委员会方面，SDRM 允许债权人成立债权人委员会来协调债权人与债务国之间关系以及协调债权人内部之间的关系，产生的合理费用由债务国承担，当债权人委员会发生的费用过多时，争议解决机构有权核查其费用开支并对应由债务国承担的最高费用金额作出限制。

4.2.2.8 总体分析

总结以上对 SDRM 核心内容的法律分析可以看出，SDRM 很多技术性条款模仿了国内破产法的规定，SDRM 的申报债权制度就与国内破产法类似。鉴于主权债券的债权人人数多且分布散，如果出现很大比例债权人未能及时申报债权而没有取得投票表决权，实质上就等于变相降低了重组协议表决通过的门槛，剩余申报了债权的债权人对重组协议的表决结果就不具有广泛代表性，削弱了对债权人利益的保护。虽然在国内破产法下可能也会出现类似情况，但是法院对破产重整程序的监督可以缓解这一问题，比如法院有权对债权人表决通过的重整协议进行审查。尽管在 SDRM 框架下将建立争议解决机构，但争议解决机构在重组中扮演的角色和拥有的权力是非常有限的，无法与国内破产法下的法院相提并论，争议解决机构没有权力审查重组协议，也没权力裁定终止重组程序，因此也就无法解决上述由申报债权制度可能带来的问题。

IMF 最初提出建立 SDRM 的倡议时也曾计划将其打造成类似国内破产法下重整制度的法律机制，不过为了使 SDRM 赢得国际社会的支持 IMF 作出了妥协，对最终定稿的 SDRM 具体内容逐项从法律角度进行分析后可以看出，SDRM 并未试图对现有的主权债券市场秩序进行颠覆性的变革，而是选择以相对温和的方式规范引导重组。虽然 SDRM 在形式上借鉴了重整制度的很多安排，但在实际法律效力上刻意降低了对重组当事方的强制约束。SDRM 将债务国和债权人的重组谈判置于一定法律框架之下，不过同时也注意尽可能减少对原有合同关系的干涉，避免对债务国的国家主权造成直接限制。总体上看，SDRM 的制度设计在兼顾实际实施效果的同时更加强调可操作性，尽管在个别具体规定上还有进一步完善的空间，不过可以说 SDRM 是较为成熟完善的法律规制方法。

4.2.3 对 SDRM 的总体评价

2003 年 4 月，国际货币与金融委员会（以下简称 IMFC）召开春季会议期间对建立 SDRM 的议题进行了审议和讨论，由于未能获得各方的广泛支持，IMF 决定搁置建立 SDRM 的计划。[①]虽然 SDRM 至今仍被搁置，但是这不能说明 IMF 为建立 SDRM 所做的努力没有任何实际意义。SDRM 是 IMF 为倡导运用法律规制方法实施主权债券重组进行的一次有益尝试，各方围绕 SDRM 展开研究和讨论对主权债券重组制度产生了一定潜在影响。以下从 SDRM 被搁置的原因、SDRM 的积极意义以及 SDRM 的启示逐层推进，尝试对 SDRM 作出一个总体评价。

4.2.3.1 SDRM 被搁置的原因分析

如前文所述，IMF 拟通过修改《IMF 协定》的方式来建立 SDRM，后续还需要各国相应修改完善国内法。但是从 IMF 各成员国的反馈来看，

---

① 国际货币与金融委员会（IMFC）就国际货币和金融体系的监督与管理向 IMF 理事会提供建议并汇报工作，包括应对正在发生的可能造成体系动荡的事件；考虑 IMF 执董会为修订《基金组织协定》提出的建议；针对 IMF 理事会向其提出的其他事项提供咨询。虽然国际货币与金融委员会没有正式的决策权，但实践中它已变成为 IMF 的工作和政策提供战略方向的关键工具。

SDRM 首先就无法取得持有 IMF 总投票权 85% 的成员国同意去修改《IMF协定》，更不用说后续探讨修改各国的国内法。从表面上看，SDRM 被搁置的直接原因是未能得到国际社会的广泛支持。从更深层原因分析，SDRM 被搁置实质上反映出各当事方之间的利益冲突导致它们对建立 SDRM 不完全符合自身利益的主权债券重组法律机制缺乏足够的动力。

债权人以及市场中介机构不支持建立 SDRM。他们认为 SDRM 不但直接限制了债权人的权利，而且 SDRM 的建立将会使违约债务国实施重组变得更加容易，主权债券重组成本的降低容易滋生债务国的道德风险，鼓励债务国违约后通过重组逃废债务。美国政府在很大程度上代表债权人利益，全球最大的主权债券市场位于纽约，主权债券市场重要的投资者和承销商很多都是美国的金融机构，因此美国的基本立场是提倡使用市场化的集体行动条款来解决主权债券重组中存在的问题，对法律规制方法一贯持消极甚至是反对态度。不过在缺少华尔街背景的保罗·奥尼尔短暂担任美国财政部长期间，IMF 还是抓住他对法律规制方法持开放态度的机会开始倡导建立 SDRM。从美国的长期国家利益出发，为了保护债权人利益以及维护纽约国际金融中心地位，美国一定会倾向于主张在重组中尽可能维护债务国和债权人之间的合同关系，并减少法规对合同权利义务的强制干预。

债务国对建立 SDRM 也缺乏足够的积极性。很多发展中国家是主权债券的主要发行国，建立 SDRM 后市场对债务国违约风险的预期会随之加大，投资者必然会要求更高的风险溢价作为补偿，因此建立 SDRM 对发展中国家最直接的影响就是将推高其主权债券的发行成本。此外，SDRM 的一些规定，比如成立争议解决机构管辖重组过程中的争议，这在债务国看来会限制其国家主权。再者，最令债务国担心的是一旦 SDRM 建立，IMF 可能将会主张更多地依靠 SDRM 处置主权债券违约，而不再像以前一样为违约债务国提供大规模国际官方救助。虽然在 SDRM 框架下，一些具体制度安排会为债务国的权利带来法律保护，比如一定条件下冻结债权人的执行措施，但是这些潜在的利益对于债务国而言远不如维持现状所能带来的好处。

4.2.3.2 SDRM 的积极意义

尽管 IMF 建立 SDRM 的尝试受挫，但是它的积极意义不应被忽视，SDRM 不仅在法律规制方法理论体系中占有非常重要的地位，而且对主权债券重组法律制度的整体发展也起到促进作用。

从理论角度，SDRM 通过精心设计的制度安排强调通过一定法律机制推动主权债券重组，同时也注意兼顾债务国与债权人之间的合同关系尽可能不受影响，力争在充分考虑各方，特别是债务国利益的前提下推动重组顺利进行，可以说 SDRM 是最具有代表性的法律规制方法。

从实务角度，当时主权债券重组秩序混乱，而集体行动条款还尚未得到广泛使用，IMF 建立 SDRM 的倡议直接激发了市场对主权债券重组问题的深层次讨论，并且还间接促成了市场对集体行动条款的接纳。很多对主权债券重组存在忧虑但却反对以缔结条约方式应用法律规制方法的国家，在否定了 SDRM 之后，开始渐渐转为支持市场化的集体行动条款。也就是在 SDRM 被搁置的 2003 年，在纽约发行的主权债券开始广泛使用集体行动条款。

4.2.3.3 SDRM 带来的启示

SDRM 被搁置并不能说明通过法律规制方法实施主权债券重组是不可行的。2003 年 IMFC 春季会议上得出的结论仅是"现在建立 SDRM 并不可行"。[1]这也就意味着不排除未来时机成熟时重启 SDRM 或者另行推动建立其他法律规制方法的可能，也正是因为如此，有关法律规制方法的研究一直还在不断深入。

SDRM 不仅丰富了法律规制方法的理论成果，更重要的是为把法律规制方法付诸实践积累了宝贵的实务经验，今后法律规制方法的研究重点应当是充分吸收利用 SDRM 的成功之处，并有效解决 SDRM 存在的不足和问题。IMF 发挥自己在专业领域和智力资源方面的优势，召集各领域国际专家设计出了 SDRM，对 SDRM 的主要内容进行研究将有助于未来制定出更

---

[1] IMF, *The Restructuring of Sovereign Debt—Assessing the Benefits, Risks, and Feasibility of Aggregating Claims*, IMF (8 December 2015), https：//www.imf.org/external/np/pdr/sdrm/2003/090303.htm.

为合理完善的法律规制方法。IMF 利用自己的国际影响力首次真正尝试说服各国建立全球统一的主权债券重组法律框架，对搁置 SDRM 的原因进行深入分析和总结将有利于增加未来进行法律规制方法构建工作的成功概率。

SDRM 被搁置还充分说明主权债券重组过程中当事方利益的多样化以及各当事方之间的复杂利益冲突。IMF 为使 SDRM 能够得到更多地支持已经弱化了很多 SDRM 的具体内容，但是在当时的环境下还是没有能够让各方达成妥协。因此，要想在实践中建立法律规制方法，不仅需要对法律规制方法本身在内容上进一步完善，更要强调等待适当时机，以适当方式推动各方就运用法律规制方法实施主权债券重组这一问题达成共识。

4.3 法律规制方法的最新发展趋势

IMF 曾经倡导的 SDRM 被搁置至今已有十多年时间，在这十几年的时间里主权债券市场有了新的发展，合同约束方法已成为目前推动主权债券重组的主要措施，但是理论和实务界对运用法律规制方法来规范主权债券重组的探讨并没有终止，特别是欧洲主权债务危机爆发后，关于法律规制方法的讨论进一步升温，本节将对法律规制方法的最新发展进行研究。

4.3.1 对法律规制方法的重新认识

2001～2003 年国际社会对于是否应当建立 SDRM 实施主权债务重组的讨论，主要集中在对 SDRM 事前效果和事后效果的分析与权衡。支持 SDRM 的一方强调事后效果，即建立 SDRM 对重组可以产生的效果。该观点认为，债权人如果可以预见抵制重组策略将会奏效，那么大批债权人就可能出于"搭便车"的心理暂不参加重组，而是观望少数债权人抵制重组的结果，这就造成了主权债券难以迅速实现有序重组。建立 SDRM 后，由于有确定法律框架的存在可以有途径解决少数债权人抵制重组问题，从而促使大部分债权人选择参加重组，最终实现迅速有序的重组。反对 SDRM 的一方则更强调事前效果，即建立 SDRM 对重组之前产生的效果。该观点认为，在债务国缺乏还款意愿的情况下，外界并没有有效强制执行措施，因此只有保持主权债券的重组成本代价极其高昂，才能使债务国主观上尽量避免违约并按照合同约定清偿债务。虽然建立 SDRM 后违约主权债券可以迅速实现重组，但是随着重组成本大大降低，债务国的还款意愿也会减弱并容易发生机会违约。如果市场判断建立 SDRM 将会使主权债券的违约风险增加，那么各国在发行主权债券时的成本就会大幅提升，SDRM 对主权债券发行阶段带来的坏处将会超过其对主权债券重组阶段带来的好处，故不应建立 SDRM 改变债务国违约成本高昂的状况。

随着欧洲主权债务危机的爆发，近年来重新倡导使用法律规制方法实施主权债券重组的呼声再度高涨。支持此观点的专家学者基本都主张，当今的情况与十几年前相比较已经有了很大不同，着手建立法律规制方法的时机已经成熟，进而提出了如何构建法律规制方法的具体建议。不过很多学者并没有进一步深入分析，为什么当前通过法律规制方法实施重组的时机已经到来。对此问题，国际经济政策和改革委员会的一份研究报告提出了较为系统的观点。①该报告认为，在这十几年间主权债券重组领域的三方面发展变化使当前构建法律规制方法的利大于弊。②第一，由于市场对法律规制方法的事前效果有了新的认识，原来对法律规制方法事前效果和事后效果之间的权衡在某种程度已不再成立。传统上主权债券市场的债权人最担心债务国由于缺乏还款意愿而发生机会违约，但是近些年来，很多主权债券违约的实际案例证明，债务国前期过度举债而到了后期又迟迟不愿实施重组，才是真正最值得担忧的问题。随着债权人风险关注重点由债务国机会违约变为债务国启动重组程序过晚，法律规制方法能够降低债务

---

① 国际经济政策和改革委员会（Committee on International Economic Policy and Reform）是由各国学者、前政府和央行官员组成的独立专家组，目标是分析全球货币和金融领域问题，提供系统性对策和推动改革理念。该委员会由斯隆基金会提供资助并由布鲁金斯学会提供开展工作的便利。

② Committee on International Economic Policy and Reform, *Revisiting Sovereign Bankruptcy*, The Brookings Institution (13 January 2016), http: //www. brookings. edu/research/reports/2013/10/sovereign – debt.

国重组成本的作用在当前大环境下可能会产生良好的事前效果——可以促使债务国必要时尽早实施重组从而避免由于启动重组程序过迟导致问题恶化。第二，少数债权人抵制重组的情况日益加剧并且影响增大，仅凭合同约束方法将很难彻底解决这一问题。过去很多人认为，通过以市场为导向的合同约束方法，就可以有效解决少数债权人抵制重组问题，因此没有必要耗费资源建立带有强制性的法律规制方法。但是近些年来，主权债券重组的实践证明合同约束方法有时效果并不理想，此外债权人脱离重组程序，单独提起主权债券违约诉讼的情况逐渐增多，并且在一些案件中已经取得成功。特别是近十多年，抵制重组的债权人呈现专业化趋势，秃鹫基金等专门以经营不良资产盈利的机构投资者介入主权债券市场，它们拥有充足的资金和专业的法律技能，使运用合同约束方法解决债权人抵制重组问题变得更加困难。第三，主权债券违约的规模和负面影响超出以往，特别是欧洲主权债务危机爆发后，有必要考虑建立统一的主权债券重组法律框架。十几年前发生债务违约的多为经济体量较小的发展中国家或不发达国家，一般不会对地区和全球金融稳定产生重大影响，而现在欧洲发达国家也开始受到债务违约问题的困扰。欧洲一体化程度较高，各国在经济、金融、政治等方面联系紧密，如果一国未能妥善处置主权债券违约，那么其破坏力可能波及整个欧洲乃至全世界。在这样的背景下，主权债券重组出现问题或者失败的风险是各方都难以承受的，因此现在比以往任何时期都更需要通过统一的法律规则来确保主权债券重组的顺利进行。

国际经济政策和改革委员会的上述观点总结了主权债券重组领域的三方面发展变化，并以此为基础，从经济学角度论证了当前环境下，通过法律规制方法实施主权债券重组利大于弊，本文认为上述观点具有一定说服力。除此之外，值得注意的还有国际官方救助领域的发展变化也使法律规制方法今后更容易为债务国所接受。前文已经分析过，十几年前债务国对SDRM 态度不积极的一个重要原因就是，担心建立 SDRM 后 IMF 将不再会为陷入危机的债务国提供大规模国际官方救助。2003 年 IMF 对其特殊贷款限额政策进行修改，对超出常规贷款限额使用资金时 IMF 的自由裁量权作出限制，明确规定了超过常规贷款限额提供救助贷款必须满足的标准，此后 IMF 向债务国提供国际官方救助的随意性大大降低，IMF 救助机制更加趋于规范化和系统化。①尽管 2008 年国际金融危机后，IMF 迫于压力曾一度宽松地向希腊提供救助贷款，但是 IMF 与欧盟联手对希腊实施的第一轮救助目前已被证明并不成功，不但没能帮助其摆脱债务危机的困扰，而且 IMF 提供的救助贷款也已发生违约，这引起了国际社会的强烈批评和 IMF 的自我检讨，未来 IMF 在提供国际官方救助时，必将会更严格执行特殊贷款限额政策以保证 IMF 救助的实际效果。IMF 救助机制的日趋规范化防止了债务国对 IMF 救助形成过度的预期和依赖，从债务国的角度来看，建立法律规制方法将会是利大于弊。

4.3.2 区域性的法律规制方法

基于对法律规制方法的重新认识，近年来倡导运用法律规制方法实施主权债券重组的声音再次开始增多。特别是欧洲主权债务危机爆发以后，专家学者提出的具体建议呈现一个明显的趋势就是主张构建区域性的法律规制方法，即在欧盟范围内建立正式的主权债券重组法律机制。

4.3.2.1 代表性的区域性法律规制方法

对于如何在欧盟内部运用法律规制方法实施主权债券重组有很多不同的方案，以下选取最具有代表性的观点予以简要介绍和分析。

一些专家提议成立"欧盟自己的 IMF"——欧洲货币基金组织（European Monetary Fund，EMF）。② EMF 是常设区域性国际组织，履行欧盟的最后贷款人职责。EMF 将有条件地向发生主权债务危机的欧盟成员国提供国际官方救助，接受救助的成员国必须实施经济调整计划。此外，EMF 还可以协助发生债务危机的成员国实施重组，通过债务置换的方式将原有债务经过削减后置换为成员国新发行的主权债券，EMF 可为置换后的主

---

① IMF 救助政策的具体变化，详见下文关于"IMF 救助机制的演变"的论述。

② Giancarlo Corsetti and Harold James, Why Europe Needs Its Own IMF, Financial Times, 8 March 2010, at 3；Miguel Boyer, Europe Needs Its Own IMF, The Guardian, 29 March 2011, at 8；Daniel Gros and Thomas Mayer, *How To Deal With Sovereign Default In Europe: Create the European Monetary Fund Now*, 202 Ceps Policy Brief, 1（2010）.

权债券提供一定形式担保。为避免滋生成员国过度举债的道德风险，EMF 的资金来源机制将会要求赤字水平和债务水平超出规定限额的成员国向 EMF 缴纳更高比例的出资份额。

另外，一些专家建议欧盟建立类似 SDRM 的欧洲债务重组机制（European Debt Restructuring Mechanism，EDRM）。① EDRM 通过规定适当的程序来协调债务国和债权人之间的重组谈判并达成有法律约束力的重组协议。EDRM 将充分依托欧盟的现有框架，比如欧盟成员国请求启动 EDRM 后必须由欧盟委员会审查确认该国债务不可持续，欧洲法院将负责处理重组过程中产生的争议。EDRM 将以修改《设立欧洲稳定机制的条约》的方式得以确立，EDRM 将构成欧洲稳定机制的一部分。②

综上对于如何在欧盟应用区域性法律规制方法，一种意见是在欧盟范围内成立类似于 IMF 的机构在提供救助同时协助推动重组；另一种意见是在欧盟建立类似于 SDRM 的重组机制，此种意见目前占了绝大多数，虽然该重组机制在细节方面与十几年前的 SDRM 有所差异，但主要内容与 SDRM 并没有实质性变化，只不过适用范围缩小至欧盟成员国。

4.3.2.2　区域性法律规制方法的可操作性分析

十几年前，IMF 倡导 SDRM 被搁置主要是由于美国和发展中国家的反对，当时欧洲国家普遍持支持态度。如今探讨在欧盟范围内建立区域性的法律规制方法可以排除来自美国的阻力，除此之外，还有一些因素有利于在欧盟实现区域性法律规制方法。

欧洲主权债务危机使欧盟各国更有动力建立统一的区域性主权债券重组法律机制。自 2010 年开始，希腊、葡萄牙、爱尔兰、西班牙等欧盟国家发生了主权债务危机，其负面影响甚至蔓延到了整个欧洲。欧盟各国已

---

① Elizabeth H. Dahill, *As Greece Goes, So Goes the E. U.：Defending Europe With A Sovereign Debt Restructuring Framework*, Twelfth Annual International Insolvency Conference（2012）；Francois Gianviti, Anne O. Krueger, Jean Pisani – Ferry, Andre Sapir and Jurgen Von Hagen, *A European Mechanism for Sovereign Debt Crisis Resolution：A Proposal*, 10 Bruegel Blueprint Series 1, 1 – 10（2010）.

② 《设立欧洲稳定机制的条约》（*Treaty Establishing the European Stability Mechanism*, ESM）于 2012 年 9 月正式生效，根据该条约建立了欧洲稳定机制（ESM 机制）。欧洲稳定机制旨在向受金融危机威胁的欧盟成员国提供稳定支持。

经深刻认识到主权债券违约的复杂程度和危害性并且正在积极采取解决措施。目前欧盟已通过条约的形式强制性要求欧元区国家使用合同约束方法以便确保未来可有效处置主权债券违约。《设立欧洲稳定机制的条约》明确规定，自 2013 年 1 月 1 日起，所有欧元区政府新发行的一年期以上主权债券中，必须统一加入欧元区标准版本的集体行动条款。欧盟在应对主权债券违约问题方面已经走在前列，世界其他地区还没有类似的区域性统一措施。如果合同约束方法在日后被证明不足以有效处置主权债券违约，欧盟各国在考虑使用法律规制方法处置主权债券违约时会相对容易达成统一意见。

　　欧盟各国财政一体化程度不断深入为建立区域性法律规制方法创造了良好条件。法律规制方法把原本由债务国和债权人之间自愿协商重组过程置于一定法律框架之下进行调整，这就要求各国在建立法律规制方法时，通过缔结条约让渡一定主权，同意在重组过程中接受法律规制方法的约束，现实中这是主权国家接受法律规制方法的一大障碍。欧盟是各成员国协调财政政策并向一体化机构集中让渡财政政策的产物，欧盟成员国特别是欧元区国家已经自愿同意让渡了部分主权。①近年来，在债务危机的背景下欧盟更强调通过财政一体化应对危机。2011 年 10 月，欧盟各国领导在欧盟峰会期间签署了改善欧元区治理结构的十项措施，根据该十项措施欧盟将建立财政政策决策更加集中和对成员国财政政策更多干预的体系。2011 年 12 月，欧洲理事会主席声明，将通过结构性改革和财政一体化来提高欧盟的财政监督并改善宏观经济的不平衡。②上述十项措施和主席声明体现出欧盟各国愿意在必要时进一步牺牲部分财政主权以确保国家长期财政安全，这使在欧盟范围建立法律规制方法规范主权债券重组成为可能。

　　4.3.2.3　区域性法律规制方法的主要问题

---

① Francois Gianviti, Anne O. Krueger, Jean Pisani-Ferry, Andre Sapir and Jurgen Von Hagen, *A European Mechanism for Sovereign Debt Crisis Resolution: A Proposal*, 10 Bruegel Blueprint Series 1, 23 (2010).

② General Secretariat of the European Council, *Presidency Conclusions of the European Council On 9 December* 2011, European Union (15 December 2015), http://www.consilium.europa.eu/uedocs/cms_Data/docs/pressdata/en/ec/126714.pdf.

在建立区域性法律规制方法的构想上欧盟也不完全都是有利因素，同样也存在需要解决的问题。

欧盟成员国的身份存在差异，目前总共 28 个欧盟成员国中有 19 个是欧元区欧盟成员国，其余则属于非欧元区欧盟成员国。欧元区成员国上交了货币主权，采用单一货币欧元并实行统一货币政策，如果其中一国发生主权债务危机那么其他欧元区国家的经济很容易受到影响，因此欧元区成员国在主权债券重组问题上更容易接受建立统一的区域性法律机制。而非欧元区欧盟成员国由于保留了货币政策，自主权在处置主权债券违约问题上还有更多的回旋余地。财政自主是国家主权的重要内容之一，如果未来着手建立法律规制方法，非欧元区欧盟成员国对于涉及让渡财政主权的接受程度很可能不会像欧元区欧盟成员国一样高。这就有可能让区域性法律规制方法的实际约束力大打折扣，甚至阻碍法律规制方法的建立。欧盟在建立区域性法律规制方法时，需要充分考虑协调欧元区欧盟成员国与非欧元区欧盟成员国的利益冲突。

即便未来欧盟建立起了法律规制方法，这一区域性主权债券重组法律机制的法律效力，在一定情况下还需要得到区域外国家的承认。全球最大的主权债券市场在纽约，如果欧盟成员国在纽约公开发行债券，根据市场交易惯例，主权债券合同约定的准据法通常是纽约州法，有管辖权的法院通常是纽约州的法院，再加上债券发行地位于欧盟以外，这类主权债券如果日后拟通过欧盟区域性重组法律机制实施重组，就可能需要债券发行地国家法院认可重组的效力。除了上述情况，欧盟成员国在区域内资本市场发行的主权债券在重组过程中，若出现少数抵制债权人单独提起诉讼并取得胜诉判决，如果抵制债权人随后向欧盟成员国法院申请执行胜诉判决，则欧盟区域性主权债券重组法律机制为保证重组顺利进行，必要时可以冻结该债权人的执行措施，但是如果抵制债权人向欧盟以外国家的法院申请强制执行判决，那么欧盟区域性主权债券重组法律机制则无法有效冻结债权人的执行措施，毕竟是否执行判决完全由该欧盟区域外国家的法院裁决。解决上述问题最有效的方式无疑是缔结条约，使欧盟区域外的国家承认欧盟主权债券重组法律机制的效力，但这一措施目前来看难度很高，如果该措施可行，也就没有必要再考虑建立区域性重组法律机制，而是应直接建立全球范围的多边重组法律机制。

4.3.3 联合国体系下的法律规制方法

除了对于区域性法律规制方法的探讨，法律规制方法另外一个最新的发展是，一些发展中国家开始寻求通过以联合国为平台推动建立主权债务重组的多边法律框架。与区域性法律规制方法仅仅停留在理论研究阶段不同，目前联合国体系下的法律规制方法已经进入了实质性的准备阶段。

4.3.3.1 相关背景情况

长期以来，发生主权债务违约的主要是发展中国家和不发达国家，在对主权债务实施重组过程中，经常出现因少数债权人抵制重组等问题阻碍重组顺利进行，从而对债务国造成了严重的政治、经济和社会后果。自20 世纪 80 年代开始，美国和欧洲国家的一些法院对少数抵制重组债权人提起诉讼的态度开始发生转变，债务国对主权债券违约诉讼享有绝对豁免的立场出现松动，债权人以诉讼方式向债务国追索债务呈现增加的趋势。2000 年以后，秃鹫基金逐步涉足主权债券不良资产领域，它们凭借资金和法律专业技能方面的优势向违约债务国发起系列诉讼攻势并施以各种压力，成功地迫使很多债务国对其全额清偿了债务。而不愿向秃鹫基金妥协的国家则遭受了主权债券违约诉讼的困扰并蒙受了巨大损失，最具代表性的是，秃鹫基金对阿根廷违约主权债券前后长达十几年的诉讼，使该国的经济和国际声誉都受到了严重影响。2013 年，美国最高法院对 NML Capital Ltd. 诉阿根廷共和国案作出的最终判决，支持了秃鹫基金援引主权债券合同中的同等权利条款，主张债务国必须向抵制重组的秃鹫基金和接受重组的债权人同比例支付本息。[①]美国法院的这一判决结果更是激起了一些国家的强烈反对，这些国家是主权债券市场的主要发行国，除了修改新发行主权债券合同条款加以被动应对，它们开始主动通过一些场合和平台

[①] 有关主权债券违约诉讼的发展概况以及 NML Capital Ltd. 诉阿根廷共和国案的具体情况，下文"主权债券违约诉讼制度"一章中有详述。

在国际社会表达自己对主权债务重组问题的立场，并开始试图寻求由 IMF 以外的其他国际组织推动构建符合债务国利益的法律规制方法。在这样的背景下，一些代表债务国利益的发展中国家，开始在联合国提议推动建立主权债务重组的多边法律框架。

4.3.3.2 联合国体系下法律规制方法的主要进展

目前联合国在倡导建立法律规制方法方面取得了一定进展，相关的准备工作已经付诸实施，建立法律规制方法已经被列入联合国大会会议期间通过政府间谈判的优先事项，并在联合国内部成立了具体负责推动这一事项的临时机构。

2014 年 9 月 9 日，第 68 届联合国大会以 124 票赞成、11 票反对和 41 票弃权的表决结果，通过了由玻利维亚代表 77 国集团和中国提交的、题为《推动为主权债务重组进程建立一个多边法律框架》的第 68/304 号决议。第 68/304 号决议决定，"在第 69 届联合国大会期间，作为优先事项，通过政府间谈判进程为主权债务重组进程详细拟定并通过一个多边法律框架，以提高国际金融体系的效率、稳定和可预测性，并根据各国国情和优先次序实现持久、包容和公平的经济增长和可持续发展。"2014 年 11 月 28 日，联合国大会第二委员会（经济与金融）通过了《第 68/304 号决议的执行办法》，决定设立所有联合国会员国和观察员都可参加的主权债务重组进程特设委员会，负责具体起草制定主权债务重组进程多边法律框架（Multilateral Legal Framework for Sovereign Debt Restructuring Processes, SDRP）。该特设委员会成立后已经举行了至少三次工作会议，其最新的工作成果是起草完成了主权债务重组进程的基本原则（以下简称 SDRP 基本原则）。第 69 届联合国大会已于 2015 年 7 月表决通过了 SDRP 基本原则，并要求未来建立主权债务重组进程多边法律框架时应当遵循上述基本原则。[①] SDRP 基本原则的出台是联合国体系之下以法律规制方法实施债务重组的一项进展，为今后各国以联合国大会为平台协商建立主权债务重组的

---

① UN General Assembly, *Basic Principles On Sovereign Debt Restructuring Processes*, United Nations (15 December 2015), http：//www.un.org/zh/documents/view_doc.asp? symbol = A/RES/69/319&referer = http：//www.un.org/zh/ga/69/res/plenary.shtml&Lang = E.

多边法律框架奠定了基础。

4.3.3.3 对主权债务重组进程多边法律框架（SDRP）的分析

目前主权债务重组进程特设委员会对 SDRP 的具体起草工作尚未完成，但是通过已经制定的 SDRP 基本原则可以对 SDRP 进行初步的分析和判断。SDRP 基本原则共有九条，其中大部分内容与之前其他法律规制方法的基本理念并无差异，比如善意原则（第二条）、透明度原则（第三条）、公正原则（第四条）、合法性原则（第七条）、可持续原则（第八条）、多数决定原则（第九条）等。除此以外，SDRP 基本原则还强调了一些以往法律规制方法并没有特别予以关注的方面。

SDRP 基本原则开篇第一条就明确强调主权国家有制定本国宏观经济政策包括重组本国主权债务的自主权，而不受任何被不当使用措施的破坏或阻碍。可以看出，在发展中国家的坚持下，SDRP 将会注重尊重债务国在主权债务重组问题上的自主权。虽然第一条随后也规定应在开始重组时就维护债权人的权利，但在平衡债务国和债权人之间的利益的问题上，SDRP 很可能将倾向债权人权利让位于债务国的国家主权。

与 SDRP 基本原则第一条存在密切联系的是 SDRP 基本原则第六条。第六条专门针对主权债券违约诉讼问题，规定在外国的国内法院，各国在主权债务重组问题上享有管辖和执行豁免权，例外情况应严格依法解释。由此可以看出，SDRP 对少数债权人抵制重组并单独提起诉讼基本上持否定态度，认为债务国原则上对债权人追索债务的诉讼及相关执行措施应享有管辖豁免和执行豁免。SDRP 落实这一基本原则的方式将有可能是规定重组程序启动后自动整体冻结包括诉讼在内的所有债权人执行措施。如果这一推测将来得到印证，那么这将是 SDRP 与先前由 IMF 倡导的 SDRM 一个很大区别，这也是以阿根廷为代表的、饱受主权债券违约诉讼困扰的一部分国家对于在联合国框架之下建立 SDRP 的最大诉求。

SDRP 基本原则第五条涉及 SDRP 的适用范围问题，根据第五条规定，任何债权人或债权人集团都不应被事先排除在主权债务重组进程之外，这也是 SDRP 与之前 SDRP 的一个很大区别。SDRP 明确将巴黎俱乐部成员国和 IMF 等国际组织向债务国提供的主权贷款排除在由 SDRM 实施重组范围之外，也就是说，SDRM 主要是适用于主权债券重组的法律机制。而 SDRP 则将会被设计成为规范一切主权债务重组的多边法律框架，因此 SDRP 并非专门针对主权债券重组，不过鉴于目前主权债券是主权债务的主要组成部分，SDRP 的主要目的也可以说就是有效处置主权债券的重组。

总结以上分析后可以发现，与先前的法律规制方法，特别是由 IMF 倡导的 SDRM 相比较，联合国倡导的 SDRP 作出了一些实质性的变化和调整，比如突出强调了主权国家有重组本国主权债务的自主权、对债权人抵制重组并单独提前诉讼原则上持否定态度以及将所有主权债务纳入 SDRP 的适用范围，未来这些基本原则能否真正在现实中得到落实，值得各方拭目以待。

4.3.3.4　对主权债务重组进程多边法律框架（SDRP）的前景预测

本文认为，联合国体系下推动建立的 SDRP 最终能得以实现的前景并不乐观，理由主要如下：

联合国不是构建法律规制方法的理想平台。毫无疑问联合国是全球最具有影响力的国际组织之一，但是这不意味着联合国是解决所有国际法问题的理想平台。且不考虑联合国并不是专门性的国际金融组织，仅从联合国大会决议的法律性质来看，虽然推动建立 SDRP 的联大决议以高票获得通过，但是并不能对联合国会员国产生强制约束力。联合国大会主要是一个审议和建议机关，是在一定意义上具有世界议会性质的国际论坛，它无权迫使任何一国政府采取任何行动，而只能以建议形式表达国际舆论，发挥重要影响。因此在联合国框架下推动建立 SDRP 的常规途径应是在联合国大会通过推动建立 SDRP 的联合国大会决议，随后成立专门临时机构负责起草有关 SDRP 的条约草案，最后提交各国政府通过谈判缔结条约。SDRP 要想成为具有普遍法律约束力的重组机制就必须吸引到足够数量的国家缔结该条约，特别是要说服所有在主权债券市场具有重要影响力的国家参与，这不仅包括主要的主权债券发行国，还包括代表债权人、债券承销商等金融中介机构利益的重要发达国家。总之，以联合国为平台推动建立 SDRP 要求各国协商一致缔结建立 SDRP 的国际条约，至少要使在国际金融体系中具有重要影响力的国家达成一致。之前 IMF 曾倡导的 SDRM 并没有如此大的实施难度，当时 IMF 计划通过修改《IMF 协定》的方式来建立 SDRM。根据《IMF 协定》的规定，《IMF 协定》的修正案不需要全体 IMF 成员国一致同意，而是由 3/5 的、并且持有 IMF 总投票权 85% 的成员国同意后即获得通过。也就是说，建立 SDRM 不需要全体 IMF 成员国协商一致，而是通过多数表决的方式就可以约束全体 IMF 成员国。即便难度相对较低，但是 SDRM 在 2003 年也没能获得足够的支持，可想而知，目前在联合国框架内推动建立 SDRP 将会面临多大的困难与挑战。

SDRP 是由一些发展中国家单方推动的，还没有获得主权债券市场其他重要利益相关方的认可和支持。债务国阵营没有在 IMF 等多边国际金融组织，而是选择在联合国体系下推动建立 SDRP 的议题，部分原因是看中联合国大会一国一票的表决机制。联合国大会关于推动建立 SDRP 的决议的表决结果阵营分明，尽管发达国家大多投了弃权或反对票，发展中国家还是利用数量上的优势促成通过了联合国大会决议。美国代表在联合国大会表决前的发言就明确表达了其立场，认为 IMF 才是解决此类复杂技术性问题的更合适场所，在联合国体系下建立多边法律框架将与 IMF 正在进行的工作相重复，因此美国有义务对决议草案投反对票。① SDRP 实质内容的后续磋商谈判工作则无法再通过简单多数表决的方式实现。2015 年 2 月 3 日至 5 日，主权债务重组进程特设委员会在纽约联合国总部举行了成立后的第一次工作会议，IMF、世界银行、欧盟及其成员国、美国及加拿大均未派代表出席会议。② 如果不能获得上述国际组织和国家的广泛参与和支持 SDRP 几乎就没有可能建立。玻利维亚、阿根廷等积极支持 SDRP 的国家其实非常清楚这一问题，它们以联合国为平台倡导建立多边重组法律框架主要出于两方面的考虑：一是希望运用联合国大会决议为武

---

① UN General Assembly, *Proposal for Sovereign Debt Restructuring Framework Among 6 Draft Texts Approved by Second Committee* (*GA/EF/3417*), United Nations (15 December 2015), http：//www.un.org/press/en/2014/gaef3417.doc.htm.

② Oonagh Fitzgerald, *The Pursuit of Global Rule of Law for Sovereign Debt Restructuring*, The Centre for International Governance Innovation (15 December 2015), https：//www.cigionline.org/publications/pursuit-of-global-rule-of-law-sovereign-debt-restructuring.

器向美国等发达国家施加政治和舆论压力，以此作为对美国法院关于 NML Capital Ltd. 诉阿根廷共和国案判决的回应；二是希望向国际社会传达要求尊重债务国重组债务的自主权、反对秃鹫基金投机性诉讼的强烈诉求，这一立场是以往各种法律规制方法理论和当前已得到实际应用的合同约束方法都未能予以充分强调的。

综上所述，本文认为 SDRP 要想得以确立还面临着重重的困难和阻力，特别是如何获得以美国为首的发达国家的认可。不过从另一个角度来讲，即便未来各国政府无法就建立 SDRP 达成一致意见，发展中国家在联合国框架下推动建立 SDRP 的实际行动本身就是成功和进步。虽然国际组织的宣言和决议并不构成国际法的直接渊源，但是由联合国大会表决通过有关 SDRP 的决议，特别是 SDRP 的基本原则，未来经过努力有可能将成为主权债券重组领域的软法。

4.4　本章小结

本章首先总体研究了主权债券重组的法律规制方法，随后具体研究了在法律规制方法中占有重要地位的 SDRM，接下来分析了法律规制方法的最新发展，本章的最后一节将以上述研究为基础对主权债券重组的法律规制方法进行总结并提出建议。

4.4.1　对法律规制方法的基本态度

目前主权债券重组领域法律制度的现状是合同约束方法已经得到广泛使用，而法律规制方法虽然在理论界有了深入讨论，但是在实务领域尚未得到实际应用。近年来，主权债券重组的实践证明仅凭合同约束方法并不能完全确保主权债券实现及时有序重组，法律规制方法至少应被各国纳入考虑的范围。IMF 倡导 SDRM 的经验说明，建立法律规制方法最大的难度不在于顶层制度设计，而在于如何在各方利益之间寻找平衡点以便使制度落地。本文认为，各国政府、国际组织、主权债券市场的投资者、市场中介机构等各利益相关方应当保持开放态度，以现有法律规制方法的理论研究成果为基础，结合 IMF 倡导 SDRM 积累的经验教训，积极探索将法律规制方法理论应用于实践。各国政府谈判磋商建立法律规制方法的过程是把理论创新转换为制度创新的过程，本质上属于社会工程，必将会面临很多不确定的因素，因此不宜像工程施工一样划定时间分割任务，而是应保持足够的耐心，将建立法律规制方法作为国际社会的共同长期目标去实现。

4.4.2 法律规制方法与合同约束方法并行

本文认为，主权债券重组方式的改革应是一个渐变的过程，彻底放弃现有合同约束方法，转而采取法律规制方法并不具有可行性，为平衡各方利益，日后建立的法律规制方法可与目前的合同约束方法并存，共同规范主权债券重组。2000 年前后，各利益相关方在对究竟应当通过合同约束方法还是法律规制方法规范主权债券重组进行激烈讨论后，最终选择合同约束方法而搁置了法律规制方法，这样的决定在当时具有合理性。自 20世纪 90 年代起，主权债券成为主权债务的主要组成部分后，主权债券重组的重要性日益突出，而重组的难度却在逐渐加大，国际社会的共识是急需引入有效机制，以尽快改变当时主权债券重组领域混乱无序的局面。法律规制方法需要各国正式缔结国际条约才能得到确立，很难在短时间内实现。与之相比较，合同约束方法简便易行，不需要各国全体协商一致，只需在主要的主权债券市场推广、使用相关合同条款便可奏效，因此合同约束方法最终胜出并开始用于实践。经过十多年的运行，合同约束方法一定程度上解决了债权人集体行动等问题，促进了主权债券的及时有序重组，但也暴露出一些不足。当对最亟待解决的问题进行了初步应对后，国际社会更应当集中资源和精力继续深入探索实施主权债券重组的最佳方式。

法律规制方法与合同约束方法之间其实并不是非此即彼无法共存的关系，二者存在着兼容的可能。合同约束方法以市场为导向充分尊重当事方意愿，法律规制方法的大多数规定同样也在试图最大限度地尊重重组当事方意愿。在基本不改变合同约束方法现状的前提下引入法律规制方法有助于平衡各方利益，降低对法律规制方法的反对意见，促成国际社会就建立法律规制方法达成一致意见。

具体而言，法律规制方法可设计成为允许当事人在一定范围内自愿约定重组事项的法律框架。也就是说，主权债券重组原则上应当适用法律规制方法的规定，但是在特定事项上，如果当事人通过合同方式作出了约定则从其约定。对于允许当事人自愿进行约定事项的范围，建议限定在目前集体行动条款规定的事项，即允许债务国和债权人自行约定重组协议的表决方式以及宣布或撤销债券加速到期的表决方式，其他重组相关事项则必须遵循法律规制方法的规定。集体行动条款是目前最重要也是应用最为广泛的合同约束方法，建立法律规制方法后，继续允许当事人使用现有的集体行动条款推进重组既不会对现有重组秩序造成破坏，也可以将合同约束方法没有调整的问题直接纳入一定法律框架之下予以解决，比如重组中的优先权融资问题等。此外，这样做还可以直接解决大批在集体行动条款被广泛应用之前就已经发行，因而没有规定集体行动条款的存量主权债券的重组问题。

4.4.3 区域性法律规制方法与多边法律规制方法并行

明确未来如何处理法律规制方法与合同约束方法之间的关系之后，还要考虑推动建立法律规制方法的具体方式。考察法律规制方法的最新发展，存在区域性法律规制方法和多边法律规制方法两者可能，本文建议可以考虑这两种方式同时并行推进。

在区域性法律规制方法方面，近年来学术界对于欧盟构建区域性法律规制方法的各种建议很多，但是目前欧盟还没有将此列入议事日程。如前所述，欧盟已通过《设立欧洲稳定机制的条约》，强制要求自2013年起所有新发行的欧元区国家主权债券必须使用集体行动条款，这在一定程度上缓解了欧盟在短期内对区域性法律规制方法的需求。在多边法律规制方法方面，IMF在2001~2003年大力倡导建立多边法律规制方法未果后，目前的基本政策是，支持通过合同约束方法特别是集体行动条款解决主权债券重组出现的问题。此外，现在一些发展中国家正在联合国积极倡导建立多边法律规制方法，并就该问题已经形成联合国大会决议并成立了负责具体落实工作的特设委员会。尽管短期内区域性法律规制方法和多边法律规制方法取得实质性突破的难度都还很大，但是从长期来看，欧盟、IMF 和联合国未来都有可能成为推动建立法律规制方法的平台。欧盟较高的一体化程度为建立区域性法律规制方法奠定了良好的制度基础，而且欧洲主权危机的爆发让欧盟各成员国更加意识到妥善处理主权债券重组的重要性。IMF 作为政府间多边国际金融组织在倡导建立法律规制方法方面已经积累了宝贵的实践经验。联合国已通过了推动建立多边法律规制方法的联合国大会决议，后续落实联合国大会决议的活动也会在国际社会产生广泛的政治影响。上述三个国际组织作为各国政府协商建立法律规制方法的平台可以从不同的角度发挥出积极作用，因此未来建立区域性法律规制方法和多边法律规制方法的工作应并行推进。

5

主权债券违约诉讼制度①

---

①本章的主要内容已公开发表，李皓：《主权债券违约诉讼研究》，载《法学杂志》，2016（2）。

主权债券发生违约后，对于债权人而言通常有两种选择：一是与债务国协商进行主权债券重组，这意味着债务需要进行减免；二是依据主权债券合同规定的争议解决方式提起诉讼或仲裁，要求债务国全额清偿债券本息。前文已经分析过，仲裁已经不再是现阶段处置主权债券违约的主要方式，仲裁条款较少出现在主权债券合同中，而且债权人即便取得生效仲裁裁决，最终还是要到一国的国内法院去申请执行仲裁裁决，故本章不再单独提及债权人依据仲裁条款申请仲裁追索债权的情况，而专门论述主权债券违约诉讼。

目前主权债券的合同文件依据市场惯例通常都会约定适用债券发行地法律并接受债券发行地法院的管辖。[①]理论上，债权人可以不接受重组，而是依据主权债券合同的规定向债务国提起诉讼追索债权。但是由于主权国家无法像公司一样破产，并且对国家进行诉讼的难度大、专业性强，一直以来重组是多数债务人的优先选择，诉讼只是替代性的解决方式。自20世纪80年代起，主权债券违约诉讼案件的数量出现明显上升，对主权债券违约处置产生的影响日益增大，主权债券违约诉讼已成为主权债券违约处置法律制度中的焦点问题之一，应当对其进行系统研究。

5.1 主权债券违约诉讼的可行性

主权债券在资本市场公开发行，二级市场的流动性较好。主权债券的债权人除了官方债权人和大型国际金融机构，主权债券的债权人还包括大量中小型商业银行、保险公司、养老基金、对冲基金和零售投资者等。多数私人属性的债权人只关注自身经济利益，不考虑与债务国的长期合作关系，也不易受到母国的影响。另外，不同类型的债权人有不同的风险管理

---

① Udaibir S. Das, Michael G. Papaioannou and Christoph Trebesch, *Sovereign Debt Restructurings* 1950－2010：*Literature Survey*，*Data and Stylized Facts*，12/203 IMF Working Paper 1, 41 (2012).

制度和资产管理模式,他们在二级市场买入债券的价格也各不相同,风险偏好和投资成本的差异也造成不同债权人对重组接受程度不完全相同。基于这些原因,主权债券重组的过程中不仅债权人与债务国之间难以就重组条件达成一致,而且数量众多的债权人之间往往也无法协调一致集体行动,经常有部分债权人抵制重组并提起主权债券违约诉讼。①

主权债券违约诉讼案件涉及的法律关系比较清晰,法院对于是否发生了违约以及如何实施违约救济等实体问题作出判决并不困难,但是长期以来,债务国曾凭借其主权国家的特殊主体身份有效阻止债权人在法院提起诉讼。以 20 世纪 80 年代为例,全球发生了大规模的主权债务违约,1982～1984 年就有 32 个国家进行了 42 次主权债务重组,②仅墨西哥在 1983～1990 年就 12 次重组外债。③虽然这一轮危机使超过 5000 亿美元的主权债务面临潜在诉讼风险,但是最后实际发生的诉讼案件却非常少。④究其原因,主要是因为债权人向主权国家诉讼追索债务的成功概率极其渺茫,而且还需要承担非常高昂的诉讼费用,从经济和效率角度衡量债权人大多认为接受重组比提起诉讼更具有吸引力。尽管 20 世纪 80 年代主权债务危机引发的诉讼案件数量有限,但是美国和欧洲国家法院在相关诉讼中已经开始否定债务国此前曾长期援引的抗辩事由,债权人通过诉讼方式向违约债务国追索债务的可行性逐渐增加,以下从法律角度对这一问题进行分析。

5.1.1 主权豁免

主权豁免是影响主权债券违约诉讼可行性的一个重要因素。主权豁免也称国家主权豁免或国家豁免,泛指一国的行为和财产不受另一国的立

---

① 主权债券重组过程中,各债权人之间难以协调一致集体行动的问题被称为"集体行动问题"(Collective Problem),抵制重组并提起诉讼的债权人被称为"抵制重组的债权人"(Holdout Creditors,也有译为"钉子户债权人")。

② Alexis Rieffel, Restructuring Sovereign Debt: The Case for and HOC Machinery 159 (1st ed. 2003).

③ Martin Wolf, On Sovereign Bankruptcies—Economic Eye, Financial Times, 15 May 1995, at 22.

④ Cleary, Gottlieb, Steen and Hamilton, *Avoiding the Nightmare Scenario*, 11 International Financial Law Review 19, 19 (1992).

法、司法和行政方面的管辖，但通常是指一国的国家行为和财产不受另一国的司法管辖。主权豁免包括管辖豁免和执行豁免两方面。管辖豁免和执行豁免的含义不同，各自与不同的国际民事诉讼阶段相联系，放弃管辖豁免并不意味着对执行豁免的放弃，反之亦然。管辖豁免是指未经一国同意，不得在另一国法院或仲裁机构对该国提起诉讼、仲裁或将该国财产作为诉讼标的。执行豁免是指即使一国放弃了管辖豁免并败诉，不经其同意也仍不得扣押其财产，不得强制执行判决。关于主权豁免的理论发展和实践存在两种不同的主张，一种是绝对豁免主义，认为一个国家及其财产在其他国家享有绝对豁免权，不受他国的司法管辖，除非自愿放弃豁免；另一种是有限豁免主义或限制豁免主义，即对国家的主权行为（或称公法行为、统治权行为）给予豁免，而对国家非主权行为（或称私法行为、商业交易行为）则不给予豁免。

  20 世纪 30 年代爆发的全球性经济衰退导致主权债券大规模发生违约。当时主权债券合同已经普遍规定了保护债权人利益的合同条款，比如债务国承诺善意履行合同义务，保持良好资信状况，以特定的政府收入或政府财产为债券提供担保等。[①]但是当时各国基本奉行绝对豁免主义，除非债务国同意否则就不能将其作为被告在其他国家法院提起诉讼，所以当主权债券实际发生违约后债权人由于绝对豁免主义的限制而无法通过诉讼向债务国主张权利，债券合同中保护债权人利益的条款也就没能为债权人提供真正的保护。

  第二次世界大战，尤其是在 20 世纪 70 年代以后，越来越多的国家采用限制豁免主义，法院的判定重点逐渐从主体资格问题转向行为的性质，国家的非主权行为不再享有外国法院的管辖豁免。[②] 20 世纪 50 年代以前，外国政府在美国法院一直享有绝对主权豁免。[③] 1952 年，美国国务院法律

① Erika Jorgensen and Jeffrey Sachs, Default and Renegotiation of Latin American Foreign Bonds in the Interwar Period 61（Barry Eichengreen and Peter H. Lindert eds. 1st ed. 1988）.

② R. Higgins, *Recent Developments In the Law of Sovereign Immunity In the United Kingdom*, 71 American Journal of International Law 423, 428（1977）.

③ Turkmani v. Republic of Bolivia, 193 F. Supp. 2d 165, 170（D. D. C. 2002）.

顾问泰特致司法部长的公函（泰特公函）开启了美国的有限豁免主义时代。1976 年，美国国会根据美国政府有限豁免立场制定了《外国主权豁免法》（*U. S. Foreign Sovereign Immunities Act of* 1976，FSIA）。美国《外国主权豁免法》规定了商业活动例外条款，下列情形不能免予美国法院的管辖：行为是该外国国家在美国进行的商业行为；或在美国发生的与该外国国家在别处的商业行为有关的某行为；或者在美国之外发生的与该外国国家在别处的商业行为有关，并且该行为对美国产生了直接影响。尽管美国法院对于私人诉外国国家的案件还没有形成完全统一的司法实践，但是国家发行主权债券的行为至少已被认为是不享有主权豁免的商业行为。1992 年，美国最高法院在阿根廷共和国诉 Weltover, Inc. 案中，明确判决一国发行主权债券的行为构成《外国主权豁免法》项下的商业活动。美国最高法院在该案中还对法院的管辖权问题作出具体分析，认为阿根廷进行的主权债券重组虽然发生在美国领土以外，但由于重组通过纽约的银行账户支付利息，从而对美国产生足够的直接影响，符合美国《外国主权豁免法》关于商业活动的认定标准，因此美国法院对该案拥有管辖权。①在美国颁布《外国主权豁免法》两年后，英国于 1978 年颁布了《国家豁免法》（*State Immunity Act*），该法同样表明了从绝对主权豁免向有限主权豁免的发展趋向。英国《国家豁免法》对于商业性交易的定义中，明确包括了任何借款或其他为筹措资金而担保和保证的行为，或与此有关的行为或其他金融举债。澳大利亚 1985 年制定的《外国国家豁免法》，对商业性交易的定义也明确列举了直接借款和以在市场上发行债券的方式进行的借款。

随着有限豁免主义在全世界范围的普及以及各国法院普遍将国家发行债券的行为解释为商业活动，债务国很难继续以主权豁免为由阻止外国法院对主权债券违约诉讼行使管辖权。鉴于此，越来越多的国家在发债时已明示放弃主权豁免并接受债券发行地法院的诉讼管辖。目前，诉讼条款和放弃主权豁免条款已成为主权债券的标准合同条款。

① Republic of Argentina v. Weltover, Inc. , 504 U. S. 607, 610 (U. S. Supreme Court 1992) .

5.1.2　国家行为原则

如前文所述，随着 20 世纪 70 年代以美英等国为代表的发达国家采取有限豁免立场，主权国家发行债券普遍被各国法院认定为商业性交易，而不再享有管辖豁免。20 世纪 80 年代的主权债务危机爆发后，一些债权人尝试通过诉讼向债务国追索债务，债务国开始援引主权豁免以外的其他理由进行抗辩，比较典型的抗辩理由有国家行为原则。

国家行为原则（Act of State Doctrine）是指一国制定的法令或在其领域内实施的官方行为，其他国法院不得就其有效性进行审判，从而承认外国国家行为的效力。[1]国家行为原则和国家主权豁免都是通过司法手段实践国际礼让的一般概念和联邦国家机关之间相互尊重的方式，与国家主权豁免仅能提起程序性的管辖权抗辩不同，国家行为原则为外国政府提供了一种实质性的抗辩权利，在适用国家行为原则的前提下，法院不会审查其他主权国家在其边界内所进行的公共行为的有效性，即使这些法院在诉讼参加人针对这些行为提起诉讼时具有管辖权。[2]

20 世纪 80 年代初期，美国法院在两起关于哥斯达黎加主权债务违约案件中对国家行为原则的分析影响深远。1981 年 7 月，哥斯达黎加由于外汇短缺无法偿还外债宣布实施外汇管制，禁止该国所有国有主体向外国债权人偿还外币债务。该外汇管制法令导致哥斯达黎加国民银行对国际债权人违约，债权人随后在纽约州法院提起诉讼（Libra Bank Ltd. v. Banco Nacional de Costa Rica）。以主权豁免为理由抗辩失败后，债务人开始主张债务违约是由哥斯达黎加政府实施的外汇管制所导致，依据国家行为原则美国法院不应对此进行审判。纽约南区联邦地区法院认为，只有当外国政府在其本国领土内进行的行为才能排除美国法院的管辖，本案中，融资文件约定适用纽约州法，合同项下所有支付行为发生在纽约，债务所在地（Situs of the Debt）位于美国，由于案件的标的在美国而不是哥斯达黎加，

① 任明艳：《国家行为原则评析》，载《法学》，2006（7）。
② 李亚玮：《从卡拉马祖案看国家行为原则的国际条约例外》，载《法制与社会》，2014（8）。

因此国家行为原则在本案中并不适用。①另外一起案件（Allied Bank International v. Banco Credito Agricola de Cartago）同样是由 1981 年哥斯达黎加实施的外汇管制导致三家哥斯达黎加国有银行对国际债权人违约，债权人在纽约提起诉讼。②纽约南区联邦地区法院认为，依据国家行为原则，一国法院不应对其他国家政府在其领土内实施的行为作出判决，因而驳回原告的诉讼请求。债权人上诉至联邦第二巡回法院，法院最初支持初审法院的判决。纽约金融界对此反映强烈，担心如果美国法院不愿针对主权债务人执行债务将使纽约逐渐丧失国际金融中心地位。美国司法部以法庭之友名义向法庭提出意见，表明其立场虽然是鼓励当事方合作重组主权债务，但是这一立场是基于一种理解：当事方可就合同的支付条款重新进行谈判，但是债务国在合同项下的基础性偿债义务仍应继续保持有效和可执行，因此哥斯达黎加实施的外汇管制措施与美国国家政策不相符。③纽约清算所协会同样在该案中也提交了法庭之友陈述，认为尽管法院作出有利于债权人的司法判决会整体不利于主权债务重组，但是可以为债权人与债务国协商重组协议提供额外的谈判筹码。联邦第二巡回法院对案件进行了重审，最终判决债务所在地是美国而非哥斯达黎加，国家行为原则不能排除美国法院审理案件。法院在判决中作出如下解释："哥斯达黎加银行在合同中接受美国法院管辖，同意在纽约以美元向债权人还本付息，当事方的部分谈判也在美国进行。纽约是全世界最重要商业中心之一，同时也是全球最重要的美元清算中心。美国的银行每年向外国债务人借贷数十亿美

---

① Libra Bank Ltd. v. Banco Nacional de Costa Rica, S. A. , 570 F. Supp. 870, 875（S. D. N. Y. 1983）.

② Allied Bank Int'l v. Banco Crédito Agricola de Cartago, 566 F. Supp. 1440（S. D. N. Y. 1983）, aff'd, No. 83 – 7714, slip op.（2d Cir. Apr. 23, 1984）（per curiam）, rev'd, 757 F. 2d 516（2d Cir. 1985）.

③ Brief of Amici Curiae United States at 6 – 7, 18, Allied Bank International v. Banco Credito Agricola de Cartago, 757 F. 2d 516（No. 83 – 7714）. 法庭之友（Amicus Curiae）发端于古罗马法，后被移植到美国，成为美国的一项重要司法制度。该制度的核心内容是指法院在审理案件的过程中，允许当事人以外的个人或组织利用自己的专门知识就与案件有关的事实或法律问题进行论证并作出书面论证意见书，即法庭之友陈述（Amicus Curiae brief），向法官提供尚未知悉的证据事实及与法律问题有关的信息，以帮助法院作出公正的裁决。

元。确保债权人在美国法院的管辖下，能够依据借贷合同在美国境内以美元获得偿付，这与美国的国家利益密切相关。法院可以假定除非是在极端特殊的情况下，否则债权人的权利应当依据公认的合同法原则得到确认。"①

两起哥斯达黎加主权债务违约案件否定了债务国以国家行为原则作为理由阻碍债权人提起诉讼，以上判决为后续案件所遵循，并在随后二三十年促使更多的债权人提起主权债券违约诉讼。

5.1.3 禁止帮讼分利

主权债券市场交易非常活跃，大量投资者在二级市场买入或卖出主权债券。基于主权债券频繁易手交易的特点，债务国曾援引禁止帮讼分利原则对抗主权债券违约诉讼。帮讼分利（Champerty）是指与诉讼无关人和当事人之间签订的约定由该干涉人帮助当事人追求索赔以获得部分判决收益为目的的协议。②禁止帮讼分利原则是普通法下的一项原则，形成于几百年前，用于防止和减少将诉讼商业化或者对诉讼进行交易。③虽然禁止帮助诉讼原则在美国许多州已经被取代，但纽约州仍然保留了这一原则。④对于帮讼分利问题需要区分两种不同的情况：受让人买入权利是为了通过对债务人进行诉讼从而获利；受让人买入权利是为了执行这一权利——前者为纽约州法律所禁止，而后者则被允许。⑤

由于禁止帮讼分利原则的具体判断标准并不明确，在一些纽约州法院管辖的案件中债务国援引了该原则进行抗辩。在 Elliott Assocs., L. P. 诉

---

① Allied Bank International v. Banco Credito Agricola de Cartago, rev'd on rehearing, 757 F. 2d 516 (2d Cir. 1985).

② Black's Law Dictionary 262 (9th ed. 2009). 与帮讼分利（Champerty）相关的另外一个概念是助讼（Maintenance），助讼是指帮助当事人控诉或者辩护请求权的行为，通常表现为通过为一方当事人无正当理由的起诉或者辩护提供帮助来不当挑起诉讼和纠纷的行为。我国法律有类似的规定，《信托法》第十一条第4款规定专以诉讼或者讨债为目的设立信托无效。

③ Bluebird Partners, L. P. v. First Fidelity Bank, N. A., 94 N. Y. 2d 726, 733 (N. Y. 2000).

④ Justinian Capital SPC v. WestLB AG, 2014 N. Y. Slip. Op. 24046 (Sup. Ct. N. Y. County 2014).

⑤ Trust for the Certificate Holders of the Merrill Lynch Mortgage Investors, Inc. Mortgage Pass – Through Certificates v. Love Funding Corp., 13 N. Y. 3d 190, 200 (N. Y. 2009).

Banco de la Nacion 案中，债务人主张原告 Elliott 从二级市场低价买入债权的意图和目的是诉讼谋利，违反《纽约州司法法》第 489 条关于禁止帮讼分利的规定，初审联邦地区法院支持了被告的主张并驳回原告诉讼请求。①但是联邦第二巡回法院随后撤销该判决，认为只要诉讼主要目的是对受让的债权进行追索，那么以向债务人提起诉讼为意图受让债权就不违反纽约州法律规定。②法院认为原告 Elliott 买入债权的主要目的是想要债权得到全额偿付，任何进行诉讼的意图只不过是伴随发生和附带的。案件发回重审后，地区法院支持了原告 Elliott 的诉讼请求。

2004 年《纽约州司法法》修改了第 489 条关于禁止帮讼分利的规定，通过加入安全港条款缩小禁止帮讼分利的适用范围，规定对超过 50 万美元总价转让的诉讼标的禁止援引帮讼分利原则进行抗辩。目前，即便是专门经营不良资产的秃鹫基金低价收购违约主权债券后提起诉讼，债务国也无法援引禁止帮讼分利原则进行抗辩。

5.1.4　国家利益

20 世纪 80 年代起，以美国为代表的发达国家法院开始认可主权债券违约诉讼，这与法院地国自身利益有很大关系。特别是 20 世纪 90 年代，主权债券成为各国主要融资方式后，主权债券违约对债务国乃至全球经济影响增大，各国法院在审理主权债券违约诉讼案件时，更加注重从国家利益角度进行分析。纽约和伦敦等国际金融中心是全球最重要的主权债券市场，发展中国家发行的主权债券大量被西方发达国家的大型金融机构持有。如果主权债券违约后债权人的合同权利根本无法通过法院诉讼予以救济，这不仅直接损害发达国家金融机构的利益，而且也会对纽约和伦敦的国际金融中心地位造成负面影响。

纽约一直是全世界最大的主权债券市场，美国法院从国家利益角度对

---

① Section 489 of the New York Judiciary Law:"［N］o corporation or association, directly or indirectly, itself or by or through its officers, agents or employees, shall solicit, buy or take an assignment of . . . any claim or demand, with the intent and for the purpose of bringing an action or proceeding thereon."

② Elliott Assocs., L. P. v. Banco de la Nacion, 194 F. 3d 363, 366 – 367 (2d Cir. 1999).

主权债券违约案件的阐述非常具有代表性。1983 年，美国联邦第二巡回法院在 Allied Bank International 诉 Banco Credito Agricola de Cartago 案的判决中指出，哥斯达黎加政府单方拒绝履行私人商业合同义务的行为与有序解决主权债务问题不符，也与美国作为全世界最主要国际私人融资市场的利益相冲突。1997 年，美国联邦第二巡回法院在 Pravin Banker Assocs., Ltd. 诉 Banco Popular del Peru 案的判决里进一步明确了主权债券违约诉讼中相互冲突的两项国家政策：一方面，美国鼓励债务国和债权人通过谈判协商进行重组；另一方面，确保债务国对美国债权人所负债务的可执行性与美国国家利益密切相关。对于上述两项美国的国家政策，法院认为只有第二项政策限制第一项政策，才能使债权人以执行债务权利为后盾自愿参加债务重组。2002 年，美国哥伦比亚特区地区法院在 Turkmani 诉玻利维亚共和国案的判决中明确指出，债权人通过诉讼执行主权债券合同可以降低主权债券的违约风险，符合债权人和债务国双方的长远利益。

尽管近年来债务国不断以各种理由进行抗辩，但是几乎在每起主权债券违约诉讼案件中，法院都否定了债务国的抗辩理由，支持债权人通过诉讼维护主权债券合同义务。[1]总体上看，主权债券违约后债权人通过诉讼向违约债务国主张权利的可行性已得到很大提升。

5.2 法院判决的可执行性

如前文分析，现阶段在主权债券违约后，债权人提起诉讼并取得法院胜诉判决的难度已经不大。债权人以诉讼方式对主权债券违约进行法律救济，最终的落脚点在于在法院获得的胜诉判决能够得到及时有效的执行。

---

[1] Jill E. Fisch and Caroline M. Gentile, *Vultures or Vanguards?: The Role of Litigation In Sovereign Debt Restructuring*, 53 Emory Law Journal 1047, 1087 (2004).

如果违约的债务国在败诉后不去自觉遵守判决，债权人就需要设法对法院判决进行强制执行。目前主权债券违约诉讼面临的最大问题在于，如何有效执行法院的判决，以下对债权人通过诉讼方式取得法院判决的可执行性进行分析。

从法律角度，国家财产的执行豁免制度妨碍法院判决的有效执行。如前文所述，主权豁免分为管辖豁免和执行豁免，二者虽密切联系，但却是相互独立的两个问题，债务国不享有管辖豁免或者放弃管辖豁免并不必然意味着其国家财产不再享有执行豁免。法院对一国的国家财产采取查封、冻结或扣押等强制措施在性质上比诉讼管辖更加严厉，将直接损害该国的国家尊严和利益，甚至可能引起报复，而且也不利于本国国家财产在他国获得有效保护，因此各国对执行外国国家财产通常非常慎重。虽然多数国家，特别是英美等发达国家对管辖豁免和执行豁免均实行限制主义立场，但是在执行豁免层面的限制主义倾向相对较弱，执行豁免在一定程度上仍具有绝对性。目前各国的国内法普遍承认非商业用途国家财产，如外交财产和军事财产等享有执行豁免，商业用途的国家财产只有符合特定条件才会成为执行豁免的例外。从各国立法和实践来看，执行豁免例外要比管辖豁免例外的条件更为严格和苛刻，因此执行豁免也被称为保护国家财产的最后一道堡垒。[1]在著名的 NML Capital Ltd. 诉阿根廷共和国案中，秃鹫基金 NML Capital Ltd. 在纽约法院取得主权债券违约案件的胜诉判决并未遇到太多困难，但随后花费近十年时间依然无法有效执行法院判决。2010年，NML Capital Ltd. 曾在美国纽约地区联邦法院申请冻结了阿根廷中央银行存放在纽约联邦储备银行的 1.05 亿美元，阿根廷上诉后，联邦上诉法院，判决外国央行用于传统央行业务的资产应享有豁免，而无论该外国央行是否独立于其母国政府，2012 年 6 月，美国最高法院支持了联邦上诉法院的判决，解除了对阿根廷央行资产的冻结。[2] 2012 年 10 月，NML

---

① 杨玲：《论国际商事仲裁裁决执行中的国家豁免》，载《当代法学》，2012 (5)。

② MercoPress, *U. S. Supreme Court Rules in Favour of Argentina and Unfreezes Funds*, Mercopress (10 January 2016), http://en. mercopress. com/2012/06/26/us - supreme - court - rules - in - favour - of - argentina - andunfreezes - funds.

Capital Ltd. 在加纳商事法院取得禁令，扣押了停泊在加纳特马港的阿根廷海军护卫舰自由号。①阿根廷政府多次交涉无果后向联合国国际海洋法法庭提出起诉，2012 年 12 月，国际海洋法法庭判决阿根廷军舰自由号享有豁免权，要求加纳无条件释放被扣押的军舰。②此外，NML Capital Ltd. 还曾试图扣押过阿根廷的总统专机以及在欧洲展出的恐龙化石等。③尽管 NML Capital Ltd. 执行判决的努力引起了国际舆论广泛关注，使阿根廷国家声誉遭受负面影响，但由于国家财产执行豁免制度的限制，法院判决最终也未能获得有效执行。

从现实角度看，债务国位于其境外国家资产的规模和数量也会直接影响债权人取得法院判决的有效执行。在法院作出生效判决后，胜诉的债权人理论上可以向违约债务国的国内法院申请执行该判决，但是成功的可能性几乎不会存在，较为可行的方式是申请强制执行债务国位于其境外的国家财产。判决的有效执行在很大程度上依赖于判决执行地法院可以控制的债务国的资产。一般情况下，债务国位于海外的国家财产规模相对有限而且分散在不同国家，排除享有执行豁免的非商业用途国家财产，可以用于执行法院判决的财产就更少。主权债券的发行规模庞大，提起诉讼的债权人往往被拖欠巨额债券本息，即便能够成功执行债务国的某些境外资产，其价值也很有可能无法足额清偿债务。况且债务国在发觉其境外资产面临外国法院强制执行的风险时，很可能会事先对有价值的资产实施转移。比如在 NML Capital Ltd. 诉阿根廷共和国案中，阿根廷为防止提起诉讼的秃鹫基金强制执行其国家财产，采取了调回国有银行纽约分行资金，用阿根廷境内银行账户支付在国外工作的政府雇员薪酬，通过享有豁免的外交邮

①　BBC：Seized Ship Crew Back in Argentina from Ghana, BBC News（10 January 2016），http：// www. bbc. co. uk/news/world – latin – america – 20078320.

②　Jude Webber and Xan Rice, *UN Tells Ghana to Release Argentine Ship*, Financial Times（10 January 2016），http：//www. ft. com/intl/cms/s/0/f9b1dd84 – 46db – 11e2 – 8b2f – 00144feab49a. html # axzz2GSgDetmR.

③　Tim R Samples, *Rogue Trends In Sovereign Debt：Argentina, Vulture Funds, and Pari Passu Under New York Law*, 35 Northwestern Journal of International Law and Business 49, 61（2014）.

袋寄送款项等一系列应对措施。①

综上所述，即便管辖豁免已不能阻止债权人在有管辖权的法院提起主权债券违约诉讼，但执行豁免依然是影响判决有效执行的重大法律障碍。目前主权债券违约诉讼的最大问题是，债权人通过诉讼取得的胜诉判决难以迅速得到有效执行。主权债券市场的普通投资者多数缺少专业法律专业知识和雄厚资金支持，面对较大的执行难度和高昂的诉讼成本，往往只能放弃诉讼参加债务国主导的主权债券重组，因此现阶段主权债券重组仍然是处置主权债券违约的最主要方式，主权债券违约诉讼则在主权债券违约处置法律框架之下作为替代性解决方式出现。

5.3 主权债券违约诉讼的发展趋势

在研究过主权债券违约诉讼的可行性以及法院判决的可执行性之后，本部分将对主权债券违约诉讼的发展趋势加以分析，从而进一步加深对主权债券违约诉讼的认识，以便后续对主权债券违约诉讼作出全面、客观和准确的评价。

5.3.1 集体行动条款的广泛应用

近年来，主权债券违约诉讼案件的数量增多而且影响增大，这不仅直接妨碍了主权债券的及时有序重组，甚至有可能干扰一国及所在地区的金融稳定，国际社会特别是各国政府越来越重视主权债券违约诉讼问题。目前新发行的主权债券大多都规定了集体行动条款，债务国不仅已经开始在实践中实际应用集体行动条款推动重组的顺利进行，而且还在不断修改集体行动条款的具体内容，以实现对抗主权债券违约诉讼的目的。早期的主权债券没有规定集体行动条款，修改债券合同的支付条款必须取得全体债

---

① Alejandro Rebossio, El Gobierno se Orotege de los Embargos, La Nacion, 5 February 2004, at 5.

权人一致同意，这让抵制重组的债权人在主权债券重组中取得一定优势地位。集体行动条款的广泛应用开始改变这一局面，债务国通过在债券合同中加入集体行动条款有效提升了重组参与率。从分批次式集体行动条款到两分支集体行动条款再到单分支集体行动条款，重组方案获通过的难度逐步降低，债权人抵制重组的难度则不断增大。今后债务国一定会继续强化集体行动条款的具体内容以期达到顺利推动实现重组的目的，并可能拟定其他新合同条款以巩固其对主权债券重组的优势主导地位。

为对抗集体行动条款的影响，未来抵制重组的债权人将有可能围绕集体行动条款提起诉讼，从而否决依据集体行动条款表决通过的主权债券重组。由于集体行动条款在适用纽约州法的主权债券中使用时间较短，纽约州法院近期少有这方面案例。[1]在早期的案件中，纽约州法院曾评价集体行动条款是降低少数债权人破坏债权人整体利益的合法手段，并强调集体行动条款赋予多数债权人的权利必须以善意和诚实的方式行使。[2]如果多数债权人通过勾结串通排挤少数债权人权利或者使少数债权人处于不利境地，纽约州法院会否认集体行动条款的效力。[3]由此可以推断，如果多数债权人是为了债权人的整体最佳利益行使集体行动条款赋予的表决权，并且不存在勾结串通损害少数债权人权利的情况，纽约州法院应会认可重组的效力。在英国法下，法院传统上尊重当事方订立的合同条款，特别是如果当事方在商务方面足够成熟，法院原则上不倾向对合同条款的内容进行干涉。[4]但如果多数债权人依据集体行动条款对重组方案表决时，存在恶意或滥用了合同权利，那么重组就有可能被法院认定为无效。适用英国法的债券长期以来一直规定有集体行动条款，故英国法院有关于集体行动条款的案例，如果多数债权人依据集体行动条款行使表决权时不是将全体债权人的利益作为整体予以考虑，而是完全出于使多数债权人自身受益的目

---

① 如前文所述，美国《1939年信托契约法案》生效后，适用纽约州法的公司债券便不再约定集体行动条款，适用纽约州法的主权债券也是到了2003年前后才开始使用集体行动条款。

② Hackettstown Nat'l Bank v. D. G. Yuengling Brewing Co. , 74 F. 110, 113 (2d Cir. 1896) .

③ Sage v. Central Railroad Co. , 99 U. S. 334, 348 (U. S. Supreme Court 1879) .

④ Standard Chartered Bank v. Ceylon Petroleum Corp, ［2011］EWHC 1785 (Comm), 507 – 525 (EWHC 2011) .

的，那么法院就可能认为多数债权人滥用合同权利。在一起关于债权人依据集体行动条款实施公司债券重组的案件中，英国法院否决了重组协议的效力，理由是多数债权人接受重组的唯一原因是同意重组后多数债权人可获得债务人公司的普通股，而剩余少数债权人则被排除在外。①不同债权人之间的利益不可能完全一致，法律并不要求少数债权人通过重组获得与多数债权人完全相同的经济利益，多数债权人也不承担为少数债权人最大利益行使表决权的法律义务，但是法律的确要求债权人应为全体债权人整体的最佳利益善意行使表决权。另外一起关于公司债券重组案件中，少数债权人与多数债权人的利益并不一致，依据集体行动条款表决通过的重组方案使多数债权人获益更多，但英国法院承认了重组的效力，因为重组协议是各方谈判协商的结果，债权人适当行使了表决权，不存在滥用权力的情况。②

综合美国和英国法院的司法判例来看，如果多数债权人出于债权人整体最佳利益的考虑行使集体行动条款接受主权债券重组，则少数抵制重组的债权人很难通过诉讼否决重组的法律效力。但如果多数债权人恶意行使集体行动条款损害少数债权人利益，法院就有可能否认依据集体行动条款表决通过的重组协议效力。随着集体行动条款在主权债券重组表决中开始逐渐得到广泛的实际使用，未来很有可能出现专门针对集体行动条款提起的诉讼。

5.3.2 秃鹫基金的异常活跃

主权债券成为目前主权债务市场主要的融资形式后，出现了一类特殊的抵制重组债权人——秃鹫基金。③秃鹫基金是指专门经营处置不良资产的对冲基金，因像秃鹫食腐肉一般利用不良资产获利而得名。秃鹫基金的

---

① British America Nickel Corporation, Limited and Others v. MJO' Brien Ltd., [1927] AC 369 (Privy Council 1927).

② Redwood Master Fund, Ltd. and Others v. TD Bank Europe Limited and Others, [2002] EWHC 2703 (CH) (EWHC Chancery Division 2002).

③ Christopher C. Wheeler and Amir Attaran, *Declawing the Vulture Funds: Rehabilitation of A Comity Defense In Sovereign Debt Litigation*, 39 Stanford Journal of International Law 253, 254 (2003).

投资策略是在二级市场先行低价买入违约或即将违约的主权债券，随后抵制主权债券重组并通过诉讼向债务国全额索赔债券面值来获取巨额利润。秃鹫基金的出现使主权债券违约诉讼变得更为复杂。近年来，主权债券违约诉讼案件数量出现增长，原告身份也由原来主要是大型商业银行转变为秃鹫基金，据统计，2000 年以后 75% 的诉讼都是由秃鹫基金提起。①与过去传统的债权人相比，秃鹫基金专门经营不良资产盈利，具备高度的专业技能和充足的资金支持，它们追索债务的诉讼活动更加专业且更富攻击性。秃鹫基金取得法院胜诉判决后，会在全球范围寻找债务国有价值的国家财产，并在财产所在地法院申请强制执行。秃鹫基金利用债务国普遍希望尽快化解债务危机的心理，不断通过诉讼干扰主权债券重组，并结合舆论手段施压，很多债务国最后不得不向秃鹫基金妥协让步，满足其全额清偿债券本息的要求。比如希腊在 2012 年 4 月重组方案实施后，便全额清偿了抵制重组债权人持有的主权债券，其中大部分债券为秃鹫基金所有。②

多数人对秃鹫基金持反对和批评态度，认为它们恶意诉讼谋取不正当高额利润的行为不仅不道德，而且破坏了主权债券重组的顺利进行，此外还间接带动一部分普通债权人拒绝参加重组。秃鹫基金主要针对经济出现问题的中低收入国家发起诉讼，导致这些国家的财政状况雪上加霜，影响了债务国人民的生活水平，并且影响重债穷国债务减免计划的实施。但是从另外的角度，秃鹫基金的诉讼活动也有着商业合理性和合法性：第一，秃鹫基金受让的主权债券虽然价格低廉，但也可能根本无法收回债券本息。秃鹫基金与原债券持有人之间的债券买卖是双方基于不同投资策略的自愿交易行为，低成交价格客观反映了债券的现有市场价值。第二，秃鹫基金尽管可能获得丰厚回报，但也必须同时承受巨大风险。秃鹫基金的诉

---

① Julian Schumacher, Christoph Trebesch and Henrik Enderlein, *Sovereign Defaults In Court*, Social Science Research Network（November 2015），http：//papers. ssrn. com/sol3/papers. cfm? abstract_ id = 2189997&download = yes.

② Jeromin Zettelmeyer, Christoph Trebesch and Mitu Gulati, *The Greek Debt Restructuring：An Autopsy*, 2013 – 13 – 8 Peterson Institute for International Economics Working Paper Series 1, 14 (2013) .

讼活动不会全都成功，一旦失败就要自行承担全部投资损失和各种成本费用。这种高风险高回报的商业模式不是所有投资者都有实力去采取的，必须具有极强的风险承受能力、专业的技能知识和充足的资金保障。第三，秃鹫基金提起的诉讼是一种运用法律手段进行合同违约救济的行为。秃鹫基金的业务本质上带有法律特征——几乎完全依靠司法强制执行手段实现合同权利。①秃鹫基金通过诉讼主张合同权利的行为并不与法律相冲突。

近年来秃鹫基金在主权债券违约诉讼领域表现得异常活跃。无论外界如何评价，秃鹫基金已在主权债券违约诉讼中扮演着非常重要的角色。目前最具影响力的主权债券违约诉讼案件均由秃鹫基金发起。主权债券领域法律制度的创新几乎全部源自于秃鹫基金进行的诉讼。秃鹫基金主导了主权债券违约诉讼的发展趋势，并在一定程度上影响着主权债券违约处置法律制度的发展前景。

5.3.3 债权人诉讼策略的调整变化

由于现阶段债权人通过诉讼取得的胜诉判决依然难以获得有效执行，加之集体行动条款的广泛应用使债务国更容易推动重组，抵制重组债权人开始尝试在主权债券违约诉讼中调整策略——利用主权债券合同中的同等权利条款进行诉讼。

5.3.3.1 同等权利条款概述

同等权利条款（Pari Passu Clause）是债券合同的标准条款，内容是债务人承诺其在债券合同项下的债务在任何时候与债务人其他无担保、非次级的债务相比较至少处于同等顺位。②同等权利条款最早在公司债券中广泛使用，自 20 世纪 90 年代初起，主权债券也逐渐加入了这一合同条款。

市场对公司债券中同等权利条款的含义早已形成统一理解，即当债务人破产时，含有同等权利条款的公司债券与债务人所有其他无担保、非次

---

① Sam Jones, *Singer Banks On the Full Force of Law*, Financial Times（8 January 2016），http：//www.ft.com/intl/cms/s/0/aaf5e32c－0ee9－11e2－ba6b－00144feabdc0.html#axzz2r QrOZWe2.

② Pari Passu 为拉丁文，字面含义是平等的或处于平等地位（Equally or in Equal Step）。

级债务处于同等清偿顺序，也就是说对债务人的破产财产进行分配时，该公司债券与其他无担保、非次级债务应得到相同比例份额的清偿，而当债务人没有破产时，公司债券的同等权利条款则不会对债务人支付其他债务产生影响。

虽然主权债券合同中也都普遍规定了同等权利条款，但是主权国家不会像公司那样发生破产，因此一直以来，同等权利条款在主权债券中的具体含义并不十分明确，不过主权债券市场的各参与方对此并没有给予过多关注。传统上很多学者认为，主权债券的同等权利条款只保护债权人所持有的主权债券与债务国其他无担保、非次级债务处于相同的法律顺位，避免债务国通过立法等手段使主权债券的法律顺位次级于其他债务，这种解释方法被称为顺位解释（Ranking Interpretation）。抵制重组债权人利用主权债券中同等权利条款含义的模糊性，对这一合同条款提出了同比例支付解释（Ratable Payment Interpretation），即主权债券的同等权利条款不仅保证该主权债券与债务国其他无担保、非次级债务处于相同法律顺位，而且意味着债务国承诺将同比例的去支付主权债券和债务国其他无担保、非次级债务。一般情况下，主权债券重组如果进行顺利，大部分债权人会同意对其持有的债券本金和利息进行削减，而少数债权人有可能会抵制重组。对于同意重组的债权人，债务国会保证按时支付重组后的债券本息，而对于抵制重组的债权人，债务国则通常不再支付任何款项。如果按照同比例支付解释去理解主权债券合同中的同等权利条款，那么债务国在向接受重组的债权人支付债券本息的同时，也必须同比例去支付抵制重组债权人持有的债券本息，此时抵制重组的债权人便可以借助主权债券中的同等权利条款得到清偿。实践中，抵制重组的债权人已经利用主权债券合同中的同等权利条款发起诉讼主张债权。

5.3.3.2 债权人利用同等权利条款进行的诉讼

在主权债券违约诉讼领域，抵制重组债权人利用同等权利条款进行的第一起诉讼案件是 Elliott Associates 诉 Banco de la Nacila 案。1997 年，秃鹫基金 Elliott Associates 低价买入由秘鲁主权担保的违约债务，随后拒绝参加重组并在纽约州法院提起诉讼，法院判决 Elliott Associates 胜诉，要求秘鲁全额偿还本息。①为执行该胜诉判决，Elliott Associates 在美国、加拿大、比利时、卢森堡、英国和德国等国相继展开诉讼，试图执行秘鲁的国家财产。多次执行判决无果后，Elliott Associates 改变诉讼策略，于 2000 年 9 月在欧洲结算系统所在地比利时法院提起诉讼，主张依据其持有主权债券合同中约定的同等权利条款，债务国秘鲁在没有对 Elliott Associates 进行同比例支付以前，不得向接受重组的债权人支付债券利息。本案中，原告 Elliott Associates 第一次提出了关于主权债券同等权利条款的同比例支付解释。初审法院虽然没有接受这一观点，但比利时上诉法院最终支持了同比例支付解释，发出临时性禁令，禁止秘鲁通过欧洲结算系统向已接受重组的债权人支付重组后的债券利息。不堪纠缠的秘鲁政府最后不得不选择和解，秃鹫基金 Elliott Associates 成功获得400%的收益。②由于本案当事人之间达成和解，比利时法院并没有进行最终判决，但这是主权债券债权人第一次利用同等权利条款成功迫使债务国全额偿付债务。在 Elliott Associates 诉 Banco de la Nacila 案之后，陆续又有债权人模仿 Elliott Associates 在该案采取的策略提起类似的诉讼，比如 2001 年 Red Mountain Finance 诉民主刚果共和国案，但该案中，美国加州法院否决了原告依据同等权利条款要求债务国同比例清偿债务的诉讼请求。③

在之前的主权债券违约诉讼中，债权人基本都是直接向债务国提起诉讼，要求其按照合同约定偿还债券本息。这一传统诉讼策略虽然取得胜诉判决的难度不大，但是缺陷在于法院判决后续往往难以得到有效的执行，这严重削弱了主权债券违约诉讼的实际效果。随着秃鹫基金介入主权债券市场，主权债券违约诉讼的策略得到进一步创新。秃鹫基金将直接向债务

① Elliott Assocs. , L. P. v. Banco de la Nacila, 194 F. 3d 363 (2d Cir. 1999); Elliott Assocs. , L. P. v. Banco de la Nacila, 194 F. R. D. 116 (S. D. N. Y. 2000); Elliott Assocs. , L. P. v. Republic of Peru, 12 F. Supp. 2d 328 (S. D. N. Y. 1998); Elliott Assocs. , L. P. v. Republic of Peru, 961 F. Supp. 83 (S. D. N. Y. 1997); Elliott Assocs. L. P. v. Republic of Peru, 948 F. Supp. 1203, 1208 – 1210 (S. D. N. Y. 1996).

② Elliott Associates 买入债权时成本约为1100 万美元，秘鲁政府为和解向其支付了约5840 万美元。

③ Red Mountain Finance v. Democratic Republic of Congo, CV00 – 0164R (C. D. Cal. 29 May 2001).

国追偿债务的做法转变为间接迂回的方式，它们利用主权债券合同中常见的同等权利条款来限制债务国向已经接受重组的债权人付款，从而迫使债务国必须同时向抵制重组的债权人付款。利用同等权利条款进行的诉讼是主权债券违约诉讼的重要创新，丰富了主权债券违约诉讼的具体实践，也有助于促进主权债券违约诉讼制度的发展。

5.4 对阿根廷主权债券重组中诉讼案件的分析

迄今为止，主权债券违约诉讼领域最具影响力的诉讼案件是在阿根廷主权债券重组过程中发生的 NML Capital Ltd. 诉阿根廷共和国案。该案是秃鹫基金利用同等权利条款向债务国诉讼主张债权的代表性案例，不仅直接影响了阿根廷的主权债券违约处置，而且对整个主权债券违约处置法律体系的发展也产生重要影响。

5.4.1 阿根廷主权债券重组概述

2001 年 12 月，阿根廷宣布对总规模约 812 亿美元的主权债券正式违约。此次阿根廷主权债券违约处置的复杂程度前所未有，涉及全世界 50 万债权人持有的以 6 种货币计价、适用 8 种不同准据法的 152 批次债券。[①]阿根廷政府与债权人就违约处置问题进行了漫长而艰苦的谈判，在此过程中，阿根廷对抵制重组债权人始终持强硬态度，并通过合同约定和立法反复强调了不向抵制重组债权人妥协的立场。

2005 年，阿根廷实施了第一轮主权债券重组，重组后的新债券发行文件中规定了未来重组条件追索权条款（Rights Upon Future Offer Clause, RUFO）。根据 RUFO 条款，阿根廷承诺未来不给予任何其他债权人更加

---

① The Economist, *Argentina's Debt Restructuring*：*A Victory By Default?*，The Economist（3 November 2015），http：//www.economist.com/ node/3715779.

优厚的重组条件，否则参与本次重组的债权人就有权追索获得同等优厚的新重组条件，RUFO 条款的有效期限至 2014 年 12 月 31 日。①随后，阿根廷议会还通过了《门栓法》（*Padlock Law*），禁止政府与抵制重组债权人进行和解并且不得向其提供更优惠的条件。②2010 年，阿根廷为进一步提高重组参与率实施了第二轮主权债券重组。第二轮重组的条件与第一轮重组总体上基本相同，为此阿根廷议会通过了《门栓中止法》（*Padlock Suspension Law*）临时中止 2005 年的《门栓法》，并重申了不向抵制重组债权人提供更优惠条件的规定。③此外，阿根廷在 2010 年新发行的主权债券文件中再次强调将对抵制重组债权人无限期违约。④经过两次重组，阿根廷主权债券的重组参与率达到了 91.3%。⑤

5.4.2 法律角度的分析

NML Capital Ltd. 是 Elliott Associates 的子公司，它在 2003 年 6 月至 2003 年 9 月以 50% 左右的折扣率买入面值约合 1.72 亿美元的阿根廷主权债券。在阿根廷发生主权债券违约后，NML Capital Ltd. 并没有参加 2005 年和 2010 年实施的两次重组，而是在纽约南区联邦地区法院提起了诉讼。2006 年 5 月，法院判决被告阿根廷偿还 NML Capital Ltd. 债券本金、利息及罚息合计约 2.84 亿美元，随后 NML Capital Ltd. 开始在全球范围通过司法程序申请扣押阿根廷国家财产用于执行该判决。由于胜诉判决一直无法得到有效执行，NML Capital Ltd. 模仿 Elliott Associates 诉 Banco de la Nacila 案的诉讼策略于 2011 年在美国纽约南区联邦地区法院提起诉讼，主张应当按同比例支付解释去理解主权债券合同中的同等权利条款，NML

---

① The Republic of Argentina, *Prospectus Supplement To Prospectus Dated* 27 *December* 2004, U. S. Securities and Exchange Commission (16 February 2016), http://www.sec.gov/Archives/edgar/data/914021/000095012305000302/y04567e424b5.htm.

② Padlock Law, No. 26017 Argentina Parliament § §2 (10 February 2005).

③ Padlock Law Suspension Law, No. 26547 Argentina Parliament § §1 (9 December 2009).

④ NML Capital, Ltd. v. Republic of Argentina, 699 F. 3d 246, 251 – 253 (2d. Cir. 2012).

⑤ J F. Hornbeck, *Congressional Research Service Report* 41029, 13 – 03 – 31 Congressional Research Service 5, 7 (2013).

Capital Ltd. 作为债权人应当与其他已经同意重组的债权人一样从债务国处获得同比例的支付，否则阿根廷就违反了主权债券合同中的同等权利条款。初审法院支持了 NML Capital Ltd. 的主张，发出禁令禁止债券受托人和其他第三方支付清算系统向同意重组的债权人支付新债券本息，此后联邦第二巡回上诉法院也支持了这一裁决，最终美国最高法院驳回阿根廷政府提出的上诉，判决阿根廷应当对 NML Capital Ltd. 进行同比例支付，否则就不得向同意重组的债权人支付债券本息。①

美国法院的这一判决使阿根廷处于两难境地，要么它要向同意重组债权人和抵制重组债权人一并进行同比例支付，要么就只能停止偿付所有的债务。面对秃鹫基金发起的围追堵截，阿根廷没有采取之前秘鲁那样的态度与提起诉讼的债权人进行和解，而是不惜于 2014 年 7 月对重组后的主权债券技术性违约，也不对恶意诉讼的秃鹫基金偿债。为应对美国法院判决造成的被动局面，阿根廷议会于 2014 年 9 月通过《主权支付法》。②根据该法案阿根廷向同意重组的债权人提议，将重组后新发行主权债券的适用法律修改为阿根廷法，并把债券受托人变更为阿根廷国内金融机构，以此来规避美国法院管辖继续向同意重组债权人偿付债券本息。但是纽约南区联邦地区法院法官明确表示此举不合法，而且任何机构协助阿根廷实现上述意图的行为也均不合法。由于美国和美元在国际金融体系中占据的重要地位，各国金融机构、支付清算系统和投资者大多都会有资产或者业务处于美国法院的管辖范围内，它们大多不愿冒风险违反美国法院的判决和禁令配合阿根廷进行相关支付。美国法院的判决实质性地限制了阿根廷只单独向同意重组债权人偿付债券本息，而不向抵制重组债权人偿债的企图。

对于主权债券市场整体而言，NML Capital Ltd. 诉阿根廷共和国案造成巨大影响。各国政府以及其他利益相关方对此反应强烈，并纷纷采取措

① NML Capital, Ltd. v. Republic of Argentina, 699 F. 3d 246 (2d Cir. 2012)；NML Capital, Ltd. v. Republic of Argentina, 727 F. 3d 230 (2d Cir. 2013).

② Sovereign Payment and Public Debt Restructuring Law, 2014 Argentine Law No. 26.98 (12 September 2014).

施应对美国法院判决的潜在影响。美国政府明确表态支持阿根廷，认为美国法院对同等权利条款的解读破坏了现有市场秩序而且有损于固有的市场预期。①希腊、厄瓜多尔等国在新发行的主权债券中修改了同等权利条款的具体表述，明示排除依据同比例支付解释来理解同等权利条款。另外，一些国家如洪都拉斯、伯利兹虽未直接修改同等权利条款，但是在债券发行备忘录中也明确澄清，同等权利条款不应当被解释为债券发行国作出了同比例支付的承诺。还有一些国家如哥伦比亚、墨西哥、巴拉圭则在债券发行文件中，将美国法院判决作为风险因素进行提示，指出该判决可能潜在影响债券发行国重组债务的能力。除了修改和澄清主权债券的合同条款，修改立法也成为应对美国法院判决的措施。最早审理同等权利条款案件的比利时，已于2004年修改了相关国内立法，规定在支付系统或证券结算系统运营商处开立的现金结算账户以及中介机构向上述现金结算账户支付的资金不得被冻结扣押。②根据修改后的比利时法律，法院不得发出禁令阻止欧洲清算系统或金融机构向债权人的现金结算账户支付款项。一些专家学者已经建议美国效仿比利时的做法对有关法律进行完善，未来美国在这方面的立法动态值得进一步关注。

对于债权人而言，NML Capital Ltd. 诉阿根廷共和国案开辟了主权债券违约诉讼的新局面。债权人进行诉讼时不再只是遵循确认主权债券违约和申请强制执行债务国财产的常规思路，而是将注意力转向债务国的其他第三方债权人，依据主权债券合同的同等权利条款来禁止债务国向其他第三方债权人偿付债务，利用债务国不愿再次发生大规模债务逾期的心理迫使其向所有债权人同比例清偿债务。随着债务国着手采取应对措施，利用同等权利条款进行的诉讼可能将逐渐失去效果，但是以秃鹫基金为代表的抵制重组债权人还会不断调整创新诉讼策略，利用主权债券合同的其他条款继续向债务国发起诉讼。

对于债务国而言，NML Capital Ltd. 诉阿根廷共和国案进一步提升了

---

① Statement of Interest of the United States at 11, Macrotecnic Int'l Corp. v. Republic of Argentina, No. 2002 Civ. 5932 (TPG) (S. D. N. Y. 12 January 2004).

② The Belgian Act of 28 April 1999 Implementing the EU Settlement Finality Directive (1999).

主权债券违约诉讼判决的可执行性，使债务国在违约后面临更大和更为直接的压力去设法妥善处置主权债券违约。在阿根廷主权债务重组后的很长一段时期，前总统克里斯蒂娜·费尔南德斯·基什内尔领导的政府一直保持不向抵制重组债权人妥协的强硬立场。由于主权债券违约问题迟迟无法得到解决，阿根廷政府不仅难以获得充足的外部融资，而且融资成本也要比周边国家高出一倍，特别是在 NML Capital Ltd. 诉阿根廷共和国案后，阿根廷被迫再次对新发行的主权债券违约，这让阿根廷的信用评级和融资能力更加大打折扣。2015 年 11 月，改革派候选人毛里西奥·马克里（Mauricio Macri）赢得阿根廷总统选举，结束了该国左翼政党长达 12 年的执政，他在竞选中的重要主张之一就是通过解决主权债券违约使阿根廷尽快重返国际资本市场以提振本国经济。阿根廷新政府上台后立即着手解决持续长达 15 年的主权债券违约，对拒绝重组债权人的态度也有所缓和。2016 年 2 月，阿根廷政府提出重组方案并开始与抵制重组债权人在纽约进行谈判。据报道，目前阿根廷已与相当规模的抵制重组债权人就主权债券重组问题原则达成一致并签署了原则协议（Agreements in Principle），该原则协议生效的两个前提条件是阿根廷议会同意重组方案以及美国法院撤销在 NML Capital Ltd. 诉阿根廷共和国案中发出的禁令。[1] 2016 年 3 月 16 日，阿根廷众议院经过 20 个小时的激烈辩论后投票表决同意了原则协议，并废除了限制政府与抵制重组债权人达成和解的两大法律障碍——《门栓法》和《主权支付法》。[2] 2016 年 3 月 31 日，阿根廷参议院经过 12 个小时的辩论后也通过了上述方案。[3] 尽管仍有部分抵制重组债权人未与阿根廷达成一致，此外重组方案具体细节还有待各方在未来进一步采取后续措施加以落实，但是阿根廷主权债券违约处置问题已开始出现新的转

---

[1] Daniel A. Pollack, *Statement of Daniel A. Pollack, Court - Appointed Special Master*, PR Newswire Europe（1st April 2016），http：//www. marketwatch. com/story/statement - of - daniel - a - pollack - court - appointed - special - master - march - 9 - 2016 - 2016 - 03 - 09 - 152033819.

[2] BBC, *Argentina lawmakers back debt settlement deal*, BBC（1st April 2016），http：//www. bbc. com/news/world - latin - america - 35820665.

[3] BBC, *Argentina lawmakers win approval for debt deal*, BBC（1st April 2016），http：//www. bbc. com/news/business - 35931839.

机，秃鹫基金利用同等权利条款进行的诉讼，最终迫使阿根廷由原先坚决拒绝与抵制重组债权人和解转变为设法通过谈判重组处置主权债券违约。分析阿根廷主权债券违约处置问题取得的新突破，毛里西奥·马克里上台后在政策立场方面的转变无疑是重要的内部因素，但是 NML Capital Ltd. 诉阿根廷共和国案所产生的巨大外部影响同样不容忽视。阿根廷议会参议院中执政党并不占多数席位，如果议会不同意废除《门栓法》和《主权支付法》，那么阿根廷新政府即便有意与抵制重组债权人进行和解，最终也无权签署具有法律拘束力的协议，正是由于 NML Capital Ltd. 在诉阿根廷共和国案中作出的判决，使阿根廷在国际金融市场处于极其被动的境地，毛里西奥·马克里总统才有足够的理由成功说服议会，支持废除相关法律并通过相关重组方案。

5.5 对主权债券违约诉讼的评价

目前很多人对主权债券违约诉讼持否定态度，认为少数抵制重组债权人提起的诉讼妨碍了主权债券重组的顺利进行，一部分人甚至主张彻底消除主权债券违约诉讼。本文认为应对主权债券违约诉讼进行全面的评价，客观分析主权债券违约诉讼可以在主权债券违约处置法律体系中发挥的作用。

5.5.1 消极影响

首先，主权债券违约诉讼在一定程度上干扰主权债券重组的顺利进行，造成债务国与债权人之间难以就重组达成协议，降低了重组参与率，增加了债务国的重组成本，不利于债务国尽快恢复债务可持续性，甚至可能影响到债务国及所在地区的金融稳定。

其次，主权债券违约诉讼加剧了众多债权人之间的集体行动问题，使债权人内部难以就重组协调一致集体行动，动摇了一些原本持中立态度的债权人参与重组的积极性，降低了重组效率，可能损害多数债权人的利益。

最后，秃鹫基金借主权债券违约之际低价买入债券恶意诉讼的盈利模式，被认为是不道德的投机行为。秃鹫基金发起的诉讼极具攻击性和破坏力，可能导致债务国财政状况恶化，经济发展停滞，最终影响债务国社会福利水平和人民生活质量。

5.5.2　积极意义

虽然主权债券重组是当前解决主权债券违约的主要途径，但当债权人与债务国就重组事宜产生争议时，诉讼仍是债权人维护自身权利的重要手段。主权债券违约诉讼尽管存在一定消极影响，但是其对于主权债券违约处置同样有着积极的意义。

首先，主权债券违约诉讼可以防范债务国的道德风险。主权债务的适当履行不仅取决于债务国的客观偿债能力，与其主观偿债意愿也有直接关系。目前主权债务缺乏有效国际监管，一国资产负债情况外界很难准确核实，即便主权国家发生债务违约也不会面临破产清算的威胁，因此当债务国发生偿债困难后经过权衡认为违约的利大于弊，那就有可能不尽力采取财政紧缩等措施去筹集资金偿还债务，而是选择对债权人违约。这种债务国主观缺乏履约意愿而并非实际没有偿债能力导致的违约被称为机会违约。再者，主权债券的重组方案并不像公司破产制度一样受到司法机构审查，债务国在缺乏监督约束的情况下，可能会提出不合理的重组条件迫使债权人接受。如果主权国家发生机会违约或者提出不合理的重组条件却不会遭到债权人的有效抵制，这就容易使债务国滋生道德风险，鼓励其进行不负责任的过度举债。主权贷款的债权人主要是国家、国际组织和大型国际金融机构，对债务国有一定影响力和牵制手段，相比之下，主权债券的债权人多是无法抗衡一国政府的私人投资者，它们面对机会违约或不合理重组条件时往往处于劣势地位。主权债券违约诉讼是债权人维护自身利益的重要手段，可以对债务国产生监督和约束作用，降低债务国机会违约的风险，并保证重组方案更加公平合理。

其次，主权债券违约诉讼可以保护少数债权人利益。平等对待所有债权人是主权债务重组的一项基本共识，但是各债权人之间在主权债券重组问题上很可能存在利益冲突。大型国际金融机构是长期活跃在主权债券市场的主要投资者，也是债务国日后新发行主权债券的潜在购买者，债务国在制订重组方案时往往更顾及它们的利益。此外，大型国际金融机构的风险承受能力远强于中小型机构投资者和个人投资者，接受相对苛刻的重组条件虽然会牺牲短期利益，但却可以强化与债务国的关系，并赢得成功主导重组的良好市场声誉，从而带来更丰厚的长期收益，因此大型国际金融机构相对更容易接受债务国提出的重组条件。一旦债务国与作为主要债权人的大型国际金融机构合谋，以牺牲少数债权人利益为代价强行推动重组，主权债券违约诉讼将是少数债权人维护自身利益的重要手段。

再次，主权债券违约诉讼有助于维护主权债券市场的正常运行。主权债券违约诉讼降低了债务国的违约概率，为主权债券市场创造了良好的投资环境和稳定的市场秩序，促使更多资本流入主权债券市场。特别是在主权债券发生违约的情况下，进行主权债券违约诉讼的债权人会大量买入违约债券，这就为有意出售债券止损的普通投资者提供了有效的退出渠道，从而保证了主权债券的市场流动性。

最后，主权债券违约诉讼为主权债券违约处置法律制度的发展注入了新活力。尽管各国发行的主权债券总额巨大，但规范主权债券违约的完善法律体系迟迟没有形成。主权债券违约处置的影响深远，不仅涉及世界各地众多债权人的切身利益，而且也关系到债务国及周边国家的经济发展和社会稳定。主权债券违约涉及的法律问题极为复杂，一方面债务国应按合同约定偿还债券本息以维护良好市场秩序，另一方面主权国家的特殊性质也必须充分考虑，不能影响其履行公共管理和社会服务等政府基本职能。主权债务违约处置的重要性和复杂性导致各国政府、国际组织和投资者一直难以就构建主权债券违约处置法律制度达成一致。主权债券违约诉讼有利于推动完善主权债券违约处置法律制度。主权债券违约诉讼的争议焦点通常涉及主权债券违约的核心法律问题，债务国和债权人通过诉讼程序阐述各自观点，国际组织、金融中介机构和专家学者等其他相关方也会对案件发表意见并施加影响。法院权衡各方利益后作出的判决不仅对后续诉讼产生影响，也会促进主权债券违约处置法律制度的发展。

5.5.3　总体评价

　　理论和实务界对主权债券违约诉讼的负面影响已有很多阐述，但对其积极意义却少有提及，通过分析可以看出，主权债券违约诉讼同样可以发挥出积极作用。特别是在债务国主导主权债券重组的大背景之下，主权债券违约诉讼有助于维护债务国与债权人之间、多数债权人与少数债权人之间的利益平衡。近年来，一些主权债券违约诉讼案件的负面影响虽然超出了其积极作用，但这并不足得出结论必须消除主权债券重组过程中发生的诉讼。主权债券交易的商业行为性质已为国际社会普遍承认，如果强行剥夺当事人通过法律途径解决争议的权利势必将会减损主权债券的商业属性，进而影响到主权债券的市场化发展。本文认为，主权债券违约诉讼在主权债券违约处置法律制度中扮演着十分独特的角色，可以成为对主权债券重组制度的有益补充，它的积极作用不应当被忽视，而其消极作用可以通过完善相关法律制度进行规范和限制。

5.6　本章小结

　　分析主权债券违约诉讼的现状，尽管债务人通过诉讼取得胜诉判决难度已经不大，但是判决最终得到有效执行依然困难重重。主权债券重组至少在短期内仍是解决主权债券违约的最主要方式，主权债券违约诉讼则作为替代性解决方式在主权债券违约处置法律制度框架下发挥作用。

　　展望主权债券违约诉讼的发展趋势，债务国和债权人不约而同地将注意力集中在主权债券的合同条款。由于主权债券重组领域法律制度尚不发达，主权债券合同条款的重要性就更加凸显。债务国依靠集体行动条款排除诉讼对主权债券重组的干扰并提高重组参与率。抵制重组的债权人则依据同等权利条款迫使债务国对所有债权人同比例清偿债务，使主权债券违约诉讼在多数债权人接受重组后依然可以发挥实际效果。实践中，债务国掌握着对主权债券合同条款的话语权，它们可以通过制定债券发行文件推动修改现行合同条款并推广使用新合同条款。而债权人提起主权债券违约诉讼可促使司法机构对合同条款的合法有效性进行审查，有助于维护主权债券合同条款的公平性，避免债务国不当利用合同条款损害债权人利益。

主权债券违约诉讼对主权债券重组的积极意义不当被忽视，彻底消除主权债券违约诉讼的观点并不现实，可行的做法是对主权债券违约诉讼进行调整规范，使其在主权债券违约处置法律制度体系下扬长避短发挥效率。基于对主权债券违约诉讼现状和发展趋势的分析，本文建议应当同时从国际法和国内法两个层面对主权债券违约诉讼制度予以调整规范，使其成为对主权债券重组制度的有益补充，共同应对处置主权债券违约。

在国际法层面，尽管现阶段还很难建立起主权债券重组多边法律框架，但可以考虑由相关国际组织或行业协会先行制定主权债券违约诉讼方面的自愿行为准则，以期日后在实践中形成具备某种实际效果的软法。国际金融协会制定的《稳定资本流动和公平债务重组原则》（*Principles for Stable Capital Flows and Fair Debt Restructuring*，以下简称《原则》）已具备稳定运行机制和完善治理结构，可成为落实国际法层面措施的平台。《原则》包括四大方面共十五项条款，是预防和解决主权债务危机的自愿行为准则，倡导债务国和债权人遵循一定原则处置主权债务危机。《原则》由主权债券发行国和私营部门债权人于 2004 年共同讨论形成，并得到了二十国集团部长级会议的批准和支持。《原则》框架下设立受托人小组和咨询小组负责管理和实施《原则》。受托人小组是《原则》的管理机构，由 49 位全球金融领域领袖组成，每年召开年会审议《原则》实施进展。[①] 咨询小组负责监督和推动《原则》的具体实施，成员包括 31 位各国央行、财政部官员以及金融机构负责人，他们每季度召开电话会议讨论国际资本市场最新动态，并向受托人小组提交《原则》实施的年度报告。在

① 中国人民银行行长周小川是《稳定资本流动和公平债务重组原则》受托人小组的四位联合主席之一。

受托人小组和咨询小组的努力下，《原则》在主权债务重组领域影响力日趋增大。2010 年以前，《原则》只适用于新兴市场国家发行的主权债券；2010 年开始，《原则》适用范围在自愿基础上扩展到所有主权债券以及受到国家影响的非主权债券重组。2012 年希腊主权债务重组中，《原则》发挥了重要的指导作用，由国际金融协会领导的任务小组在 2011 年 6 月至 10 月作为私营部门债权人代表参加了与希腊政府的重组谈判。鉴于《原则》保持不断发展完善的开放性并且已建立起有效的实施机制，可以将主权债券违约诉讼的议题提交受托人小组和咨询小组讨论，并在《原则》加入规范主权债券违约诉讼的基本原则。

在国内法层面，各国特别是重要国际金融中心所在地国家，应着手完善与主权债券违约诉讼相关的国内立法。主权债券违约诉讼涉及的法律问题既有关于合同违约的一般性问题，也有与主权债券自身特征紧密结合的独有问题。对于合同违约的一般性问题，各国国内法特别是合同法制度可以有效调整。对于主权债券自身独有的问题，一部分需要依靠未来建立统一多边法律框架才能够彻底解决，比如主权债券违约诉讼判决的有效执行，因此各国目前应集中精力对国内法范畴可以有效调整的问题来完善相应法律制度。鉴于合同约束方法对主权债券违约诉讼影响巨大，同等权利条款引发的诉讼已引起市场广泛关注，未来集体行动条款也可能会导致诉讼，各国在国内法层面应优先对重要的主权债券合同条款进行规范。欧元区成员国已经开始对国内立法进行必要的修改和完善。[1]目前欧元区成员国对其国内法的修改旨在保证欧元区标准版本集体行动条款在各成员国具有法律效力。未来欧元区成员国还可能会进一步完善国内法有关少数债权人权利保护等方面的法律制度，从而确保债权人对主权债券重组进行表决时能够适当行使集体行动条款赋予的权利。各国可采取上述欧元区成员国的措施，从集体行动条款入手，逐步完善与主权债券违约诉讼相关的国内法制度。

---

① 根据《设立欧洲稳定机制的条约》的要求，所有欧元区政府必须以确保产生相同法律效果的方式，在 2013 年 1 月 1 日后发行的一年期以上主权债券中加入欧元区标准版本集体行动条款。

主权债券违约的国际官方
救助制度

　　主权债券违约的有效解决不仅依赖债务国与债权人通过协商对现有债务进行重组，有时债务国还会需要得到新的资金以协助其从根本上改善财政状况、调整经济结构并恢复债务可持续性。然而，债务国发生违约后很难再通过资本市场筹集资金，即便有可能得到新资金也必须为此支付极高的融资成本，此时可行的外部资金来源是由相关国际组织或国家向债务国提供国际官方救助。本章从法律角度研究如何通过国际官方救助制度处置主权债券违约。

　　国际官方救助主要是由国际货币基金组织（International Monetary Fund，IMF）为首的国际金融机构和主要发达国家向发生债务危机的国家提供紧急融资，以缓解该国面临的资金压力，并促使该国进行经济调整，以尽快恢复支付能力。[①] IMF 在国际官方救助领域一直处于主导地位，从 20 世纪 80 年拉美债务危机到 20 世纪 90 年代亚洲金融危机再到目前欧洲主权债务危机，IMF 提供的国际官方救助都发挥着重要作用。除了 IMF 之外，区域性国际组织也会为本地区国家提供救助，比如希腊债务危机爆发后欧盟和 IMF 共同对希腊实施了救助。此外，一些国家出于政治经济等因素考虑，有时也会向发生主权债务危机的其他国家提供救助，比如 1995 年墨西哥比索危机爆发后，美国与 IMF 一起向墨西哥提供了救助。尽管提供国际官方救助的主体并不唯一，但是 IMF 无疑在其中最具代表性和影响力，其他国际组织和国家或是在 IMF 的主导下参与国际官方救助或是复制 IMF 救助机制，因此，本章在研究国际官方救助制度时将以最具代表性的 IMF 救助机制为对象。此外，需要指出的是，国际官方救助不仅局限于处置主权债券的违约，还可以整体应对主权债务的违约，但是由于目前主权债券是主权债务的最主要组成部分，国际官方救助的重要内容就是解决主权债券违约。为更好地结合本书的研究主题，本部分着重从如何处置主权债券违约的角度对 IMF 救助机制进行研究。

[①] 张虹：《国际债务危机解决机制的改革与完善》，载武汉大学国际法研究所主编《2006 年中国青年国际法学者暨博士生论坛论文集（国际经济法卷）》，2006。

6.1　IMF 救助机制研究

IMF 是由 185 个国家参与的多边国际金融组织，成立于 1946 年 3 月，1947 年 11 月成为联合国的专门机构。IMF 致力于促进全球金融合作、加强金融稳定、推动国际贸易、协助国家实现高就业率和可持续发展，其核心职能就是在有充分保障的情况下，向面临实际或潜在国际收支困难的 IMF 成员国（以下简称"成员国"）提供资金援助。IMF 救助机制是当今世界最重要也是最规范的国际官方救助制度，经过长期实践已经形成了系统的国际官方救助规则体系，对于维护全球金融稳定发挥着重要作用。

6.1.1　IMF 救助机制的法律基础

根据《国际货币基金组织协定》（*Articles of Agreement of the International Monetary Fund*，以下简称《IMF 协定》）的相关规定，IMF 可以向发生主权债券违约的成员国提供国际官方救助。《IMF 协定》是 IMF 成员缔结的多边国际条约，于 1944 年 7 月 22 日在美国新罕布什尔州布雷顿森林举行的国际货币和金融会议上通过，并于 1945 年 12 月 27 日正式生效。《IMF 协定》是 IMF 的基本大法，它确立了 IMF 的宗旨、法律地位、组织与管理、业务与交易、成员国资格和成员国义务等一系列重大事项，也为 IMF 实施国际官方救助提供了基本法律依据。

IMF 的宗旨指导着 IMF 的各项政策和决定，《IMF 协定》第一条开宗明义规定了 IMF 的宗旨。尽管《IMF 协定》至今已经先后经历六次修订，但是 IMF 的宗旨始终保持未变。根据《IMF 协定》第一条第五款，IMF 的六项宗旨之一就是"在具有充分保障的前提下，向成员国提供暂时性普通资金，以增强其信心，使其能有机会在无须采取有损本国和国际繁荣的措施的情况下，纠正国际收支失调。"该条款构成了 IMF 向发生主权债券违约成员国提供国际官方救助的基本法律依据。对于多数国家而言，很大一部分的主权债券都是以美元、欧元等非本国货币计价发行，如果这些以外币计价的主权债券发生严重偿付困难甚至违约就可能导致该国的国际收支失调。成员国发生主权债券违约后，如果造成实际或潜在的国际收支失调，首先应自行采取措施予以解决，但是如果采取必要措施后，仍然无法以可负担的融资条件获得足够外汇去偿还以外币计价的主权债券，那么该成员国就可以请求 IMF 提供国际官方救助，从而避免采取有损本国和国际繁荣的措施去纠正国际收支失调。

虽然《IMF 协定》第一条第五款以国际条约的形式赋予 IMF 进行国际官方救助的职责，但是这并不意味着 IMF 有义务救助成员国发生的所有主权债务危机，该条款同时也对 IMF 如何实施国际官方救助作出了原则性要求。第一，IMF 必须在充分保障其资金安全的前提之下对成员国实施救助。第二，IMF 提供的救助资金只是暂时性的，受救助成员国必须在规定的期限内向 IMF 及时偿还救助资金从而保证 IMF 资金可以不断周转，以备日后能救助其他发生危机的国家。第三，IMF 提供的救助资金只能用于纠正成员国的国际收支失调问题，而不允许成员国用做其他用途。IMF 在实施国际官方救助时一直遵循着上述基本要求。

6.1.2　IMF 救助机制的演变

20 世纪 70 年代，在国际资本市场流动性异常宽松的背景之下，新兴市场国家以优厚的条件获得了大量融资。20 世纪 80 年代初期，由于外部经济环境变化以及内部政策的失误，新兴市场国家偿还外债能力受到极大削弱。以 1982 年墨西哥主权债务违约为开端，大多数拉美国家陆续爆发了主权债务危机，它们开始向 IMF 寻求救助。这一时期，各国的主权债务大多由商业银行贷款构成，IMF 实施国际官方救助时奉行不解救商业银行贷款的基本立场，IMF 提供救助资金的前提条件是商业银行债权人必须同意对其现有贷款进行展期并提供额外的新融资，这一救助政策被称为"协同融资方式"（Concerted Lending Approach）。① 根据协同融资方式，

---

① 贷款展期是指延长债务人的还本付息期限，但贷款金额并不削减。

IMF 与成员国协商制订经济政策调整计划，但只提供经济政策调整计划所需要的部分资金，剩余融资缺口由商业银行债权人提供，商业银行的原有债权需要通过协商延长还款期限但无须进行削减。IMF 认为，只要通过经济政策调整并注入新的融资，就可以使大多数国家重新恢复经济增长和偿债能力，因此 IMF 协同融资方式旨在解决受救助国的流动性问题，而没有关注现有主权债务的重组。实践证明，虽然协同融资方式提供的额外资金为债务国争取到了实施经济政策调整所需的时间，防止主权债务违约继续蔓延，但是却未能实质性削减债务国的总体负债水平。随着主权债务问题迟迟得不到根本解决，商业银行债权人也不愿再参与 IMF 协同融资，IMF 开始将注意力转移到通过实施救助来推动债务国削减现有债务。在国际社会的共同努力下，1989 年起实施的布拉迪计划最终实现了对新兴市场国家主权债务的削减，IMF 在其中发挥了重要作用并提供了大量救助资金。

1995～2002 年发生了全球范围的资本账户危机，首先是 1995 年的墨西哥比索危机，随后 1997 年爆发了亚洲金融危机。与之前传统的经常账户危机不同，资本账户危机的根源在于资本账户中，它是大量资本特别是短期资本流入后又突然大量的外逃对宏观经济造成巨大震荡。[①]此轮危机最初并没有触发主权债务违约，但是随着一些国家国内私人资本严重外流以及汇率和银行业发生问题，最初纯粹的私营部门融资困难转变为主权债务危机。此时，IMF 采取的救助政策被称为"催化方式"（Catalytic Approach），它与 20 世纪 80 年代的协同融资方式有着很大不同。20 世纪 90 年代，主权债务的主要形式已经由商业银行贷款变为了主权债券，由于主权债券持有者数量庞大并且分布广泛，IMF 担心加剧私人资本外流和危机蔓延，因而不再坚持私营部门债权人必须协同参与解决主权债务危机，而是强调通过 IMF 救助催化私营部门债权人与债务国协商重组。IMF 开始提供超出其常规贷款限额的巨额救助资金来催化私人资本回流，重建市场信

---

① 余江岩、王春英：《21 世纪的危机——资本账户危机的启示》，载《国际贸易》，1999（7）。

心，协助成员国重新在资本市场获得商业化融资。[①]其实早在 1979 年 IMF 为保持危机救助的灵活性就已经创设了补充融资贷款，这一贷款工具使 IMF 可在特殊情况下为成员国提供超出常规贷款限额的资金。[②] 在协同融资方式下，由于强调私人债权人共同参与，IMF 很少会超出常规贷款限额提供资金，例如在 20 世纪 80 年代拉美主权债务危机期间，IMF 救助贷款仅有一次超出其常规贷款限额。而在催化方式下，IMF 提供超出常规贷款限额的救助资金并没有严格的规则可循，因此经常会单独或与其他官方债权人一起，向成员国提供化解危机所需要的全部融资，而私人债权人持有的主权债券则无须重组。1995～2002 年，IMF 总共 14 次援引特殊情况条款向成员国提供超出常规贷款限额的救助资金。这一时期，IMF 的救助政策引起了国际社会广泛批评。很多国家认为 IMF 救助的实际效果有限，相反随意提供大规模救助资金的行为既不利于保证 IMF 自身资金安全，而且也容易引发接受救助国家的道德风险，轻而易举获得巨额国际官方救助很可能将造成一些国家无所顾虑地过度借贷。这些质疑促使 IMF 在 2000 年通过了《布拉格框架》，该框架确立了 IMF 现行救助政策的基本原则，特别是在发生主权债券违约的情况下，应如何协调国际官方援助与私营部门参与之间的关系。《布拉格框架》明确了 IMF 提供超出其常规贷款限额的融资应当只是例外情况，并且提出私营部门债权人实施的包括主权债务重组在内的一系列措施可能会确保为受救助国家提供足够的融资。《布拉格框架》还进一步规定主权债务重组必须基于 IMF 对受救助国家基础偿债能力以及重新获得市场融资前景的评估，并且重组应当尽可能地依靠市场化和自愿的方法。

2003 年，IMF 以《布拉格框架》为基础对特殊贷款限额政策（Exceptional Access Policy）进行了修改，IMF 救助政策发展至新阶段。修改后的特殊贷款限额政策对超出常规贷款限额使用资金时 IMF 的自由裁量

① 常规情况下，IMF 成员国可以从 IMF 获得的贷款是有限额的，贷款限额以该成员国认缴的 IMF 份额为基础。

② 补充融资贷款随后演变为特殊情况条款（Special Circumstances Clause）。特殊情况条款是 IMF 的一项融资政策，即在特殊情况下 IMF 可超出常规融资限额提供贷款。

权作出限制，规定如果救助贷款金额超过常规贷款限额就必须满足以下标准：成员国经常账户或资本账户正在或有可能经受特殊的国际收支平衡压力，致使 IMF 常规贷款限额无法满足需求；经过 IMF 严格和系统的分析证明，该成员国主权债务具备中期可持续性的可能性很高；在 IMF 救助贷款到期之前，该成员国有良好的前景可以获得或重新获得资本市场的融资；成员国实施的政策计划有极大希望获得成功，不仅包括经济政策调整计划，还包括其实现以上调整的制度和政治能力。①在特殊贷款限额政策制定的四项标准中，IMF 对成员国债务可持续性的分析（Debt Sustainability Analysis，DSA）是决定救助贷款规模能否超出常规贷款限额的关键因素。DSA 是 IMF 对成员国接受救助后未来债务可持续性的预测展望，可以把债务国为恢复债务可持续性而进行的主权债务重组这一因素考虑在内，如果 DSA 的评估结果未能符合特殊贷款限额政策的要求，那么 IMF 会鼓励债务国先行实施重组，以便使其债务可持续性能通过 DSA 的评估。IMF 特殊贷款限额政策的修改进一步减少了 IMF 在实施救助时的随意性，使 IMF 救助机制更加系统规范。

2008 年国际金融危机爆发后，不仅新兴市场国家像历次危机一样发生严重的主权债务违约，对全球经济具有重要影响的欧洲发达国家也开始出现相同的问题，各国对 IMF 救助的总体需求超过以往，IMF 救助对于维护全球金融稳定的重要意义也更为凸显。面对前所未有的压力与挑战，原本趋向严格的 IMF 救助政策又走向宽松。在希腊主权债务危机中，IMF 进行主权债务可持续分析后，无法确认希腊主权债务可持续性的可能性很高。如果按照当时特殊贷款限额政策的要求，希腊必须先进行主权债券重组以达到 IMF 有关债务可持续的要求，之后 IMF 才可以提供超出常规贷款限额的救助资金。但是，各国普遍担心如果要求希腊先进行主权债券重组，将对整个欧元区产生系统性不利影响。面对迫在眉睫的危机，IMF 最终不得不选择妥协，于 2010 年为特殊贷款限额政策中加入溢出效应例外

---

① 特殊贷款限额政策的四项标准在 2009 年进行了进一步的完善，此处援引的是 2009 年修改后的表述，与 2003 年的版本并无实质性不同。

条款，规定如果成员国发生国际系统性溢出效应的风险很高时，IMF 可以豁免对其主权债务可持续性的要求。随着政策限制被突破，IMF 与欧盟在 2010 年为希腊提供了国际官方救助，自此以后，IMF 便开始频繁援引溢出效应例外条款，为成员国提供超出常规贷款限额的救助资金。据不完全统计，IMF 对葡萄牙、爱尔兰和希腊三国的救助计划，在 2014 年 5 月以前就已经 34 次使用该例外条款。事实证明，IMF 通过放松政策要求向希腊提供的救助并没有成功解决问题，而且 IMF 贷款于 2015 年 7 月已经正式出现违约，国际社会不得不协商再次对希腊实施救助。就连 IMF 自己都已经公开承认在救助希腊的问题上出现了明显失误。①

在应对历次主权债务危机的过程中，IMF 救助机制不断进行自我修正和完善。自 2000 年《布拉格框架》开始，IMF 在解决主权债务危机问题上已经逐渐形成强调自身以规则为导向提供国际官方救助，同时注重依靠 IMF 救助催化推动债务国和债权人自愿实施重组的基本思路。不过由于受到各种因素的影响，IMF 这一救助思路并没有完全得到严格的执行，从而在一些具体案例中削弱了 IMF 救助的实际效果。

6.1.3　IMF 救助机制的功能、特点和具体模式

IMF 救助的基本功能是解决成员国暂时出现的流动性问题，而不是提供无限度的资金直接解决成员国的债务不可持续问题。因此，IMF 救助机制不允许使用救助资金直接偿还债务国的现有债务，而是通过向成员国提供短期流动性来支撑市场信心，控制危机蔓延，为成员国赢得实施经济政策调整计划的时间和机会，必要时通过结合主权债务重组恢复经济增长和偿债能力，最终才能从根本上解决成员国的债务不可持续问题。

IMF 救助以规则为导向，通过一系列内部政策来规范和调整 IMF 提供国际官方救助的行为，其中最重要的政策有特殊贷款限额政策和拖欠债务情况下的贷款政策，分别用来指导 IMF 超出常规贷款限额提供救助资金

---

① 《时代金融》杂志社：《IMF 承认希腊救助存"明显失误"》，载《时代金融》，2013（19）。

以及在成员国拖欠债务情况下提供救助资金。① IMF 救助不是无偿的援助而是保本微利的贷款，IMF 将收取利息、承诺费和服务费，当贷款超过一定数额后可能还会收取附加费。IMF 救助只是暂时起到桥梁作用而不是长期性贷款，成员国必须在中短期内偿还。IMF 救助通常都附有贷款条件，成员国必须采取经济调整措施来纠正国际收支问题和恢复债务可持续性，IMF 将根据贷款条件的实施情况分期发放贷款。IMF 向成员国提供的救助贷款与私营部门债权人提供的商业贷款不同。私营部门债权人完全以商业利润为导向，对已发生违约的债务国一般很少愿意再冒风险提供新融资或者要收取较高的利息费用。而 IMF 作为多边金融机构不以盈利为目的，它以成员国可承受的低利率提供资金，带有明显政治色彩和救助性质。IMF 救助贷款与世界银行集团、亚洲开发银行等多边开发金融机构提供的贷款也不同，IMF 救助不会针对某个具体的项目，而是整体用于帮助成员国重新建立国际储备、稳定本国货币并恢复经济增长。

　　贷款安排（Lending Arrangement）是 IMF 对成员国实施救助的具体模式。成员国发生由主权债券违约在内引起的主权债务危机后，可以向 IMF 提出救助申请，如果 IMF 依据相关政策决定进行救助，就会制订具体的贷款安排来落实救助计划。IMF 贷款安排不是只单纯提供资金，为了确保资金安全和救助计划取得成功贷款安排通常会附有贷款条件（Conditionality），即接受救助的成员国必须承诺在本国实施适当的经济政策调整计划。经济政策调整计划构成整个贷款安排的基础，它由成员国与 IMF 协商制订，并提交 IMF 执行董事会批准，救助资金将随着经济政策调整计划的实施分阶段向成员国发放。不过在少数贷款安排下，某些经济基本面较好的成员国也可以一次性获得 IMF 救助资金，而不受经济政策调整计划的约束。IMF 资金不是无限的，主要来源于成员国以各种货币和特别提款权认缴的 IMF 份额，在此基础上，IMF 还可以通过借款扩大资金来

──────────

① 本章其他部分对特殊贷款限额政策和拖欠债务情况下的贷款政策有具体论述。

源。①因此，成员国可以从 IMF 贷款安排中获得的救助资金也是有限额的，贷款限额与成员国认缴的 IMF 份额直接相关，并因贷款工具的不同有所差异，但一般是该成员国在 IMF 份额的整数倍。②但是在特殊情况下，IMF 常规贷款限额也可以被突破。

6.2　对 IMF 救助机制相关法律问题的分析

　　主权债券发生违约后债务国可以进行内部自救（Bail – in），即与债权人协商进行主权债券重组，同时也可以寻求外部救助（Bail – out），即向以 IMF 为代表的官方机构寻求国际官方救助。当存在外部救助的可能性时，债务国和债权人出于自身利益考虑自然会对外部救助产生期待甚至是依赖，因而不愿通过重组处置违约。解决这一问题必须有效协调外部救助（IMF 救助）与内部自救（主权债务重组）之间的关系。从 IMF 救助机制的角度，首先要确保自身以规范的方式向债务国提供必要的救助，其次除了单纯施以救助外 IMF 还要进一步担当适当的角色，从而对主权债务重组产生推动和促进作用，其中涉及的主要法律问题有：IMF 如何在协调好与主权债务重组关系的基础上向债务国有效提供救助？IMF 在提供救助的过程中如何通过一定的机制保证自有资金的安全？IMF 如何在重组过程中扮演适当的角色以促进重组顺利进行？下文将围绕以上三个问题，从法律角度分别研究 LIA 政策、IMF 救助贷款优先权和 IMF 在主权债务重组中的角色。

---

　　① IMF 每个成员国被分配一定的 IMF 份额（IMF Quotas），IMF 份额大致基于成员国在世界经济中的相对地位。成员国的 IMF 份额决定了其向 IMF 出资的最高限额和投票权，并关系到其可从 IMF 获得的贷款限额。
　　② IMF 的贷款工具主要包括备用安排（SBA）、灵活信贷额度（FCL）、预防性和流动性额度（PLL）、中期贷款（EFF）和快速融资工具（RFI）。此外，低收入成员国还可以通过中期信贷（ECF）、备用信贷（SCF）和快速信贷（RCF）获得利率为零的优惠贷款。

6.2.1 拖欠债务情况下的贷款政策（LIA 政策）的法律分析

以 IMF 救助机制为代表的国际官方救助与主权债券重组之间彼此独立却又紧密联系、相互影响。IMF 提供救助资金的能力并不是无限的，随着历次主权债务危机的规模和影响逐步加大，成员国对救助资金的需求也在不断增加，但 IMF 救助资金的规模却很难实现同比例扩张，这就需要通过重组共同应对主权债券违约，因此，IMF 救助机制如何在协调与主权债券重组关系基础上，规范地向债务国提供救助，将直接影响到主权债券违约的有效解决。

IMF 曾经试图在国际法层面推动统一调整 IMF 救助机制和主权债券重组。2001 年，IMF 正式倡导通过法律规制方法解决主权债务重组问题，其中包括建立主权债务重组机制（SDRM），设立专门争端解决机构处置与重组相关的争议等。如果法律规制方法得以实现，主权债券重组将被置于完整的法律规则框架之下进行调整，尽管 IMF 在其中不担任法官或仲裁员，但法律规制方法主要是由 IMF 进行制度设计并倡导，而且 IMF 在法律规制方法中还将负责判断债务国的债务可持续性和经济改革计划的适当性，这些都非常有利于 IMF 救助机制与主权债券重组制度相互协调配合共同应对主权债券违约。然而法律规制方法最终并没有赢得国际社会的足够支持，IMF 于 2003 年明确承认法律规制方法在当前条件下缺乏可行性，转而支持通过合同约束方法解决主权债务重组，即在主权债券合同中加入集体行动条款。在合同约束方法下，主权债券重组并不主要依靠法律规则引导推动，而是由债务国和债权人依据集体行动条款基于自愿原则协商进行重组，由于主权债券重组个案具体情况差别很大，IMF 救助机制和主权债券重组相互协调的难度大大增加。

由于主权债券重组领域法律制度相对欠缺，目前主要是由 IMF 通过内部政策单方面协调与主权债券重组的关系。IMF 虽然制定了一系列政策来规范其救助机制，但是并没有专门针对主权债券重组的政策，与主权债券重组关系最为紧密的是拖欠债务情况下的贷款政策（Lending into Arrears，以下简称 LIA 政策）。LIA 政策是 IMF 规范如何向已经拖欠债务的成员国提供救助的方针政策。1989 年以前，IMF 在向成员国提供救助贷款时奉行不容忍成员国拖欠债务的政策（以下简称"不容忍拖欠债务政策"），即 IMF 不向拖欠债务的成员国提供贷款，禁止拖欠债务的范围不仅包括成员国对 IMF、其他国际组织和国家等官方债权人的债务，而且也包括成员国对私营部门债权人的债务。[①]这一政策的初衷是以 IMF 救助为动力，鼓励成员国和债权人尽快通过主权债务重组消除债务拖欠。然而自 20 世纪 90 年代起，主权债券代替主权贷款成为主权债务的主要组成部分，相应的主权债券投资者也取代商业银行成为最主要的债权人。与之前传统的商业银行债权人不同，数量众多且分布分散的主权债券投资者更倾向不主动配合主权债券重组，他们利用债务国对 IMF 救助的迫切需求，反向借助 IMF 不容忍拖欠债务政策向债务国施压，以不配合处置拖欠债务为筹码，迫使债务国在重组谈判中作出更多的让步以便得到 IMF 的救助。此时，不容忍拖欠债务政策意外地赋予私营部门债权人对 IMF 救助计划的一票否决权，只要债权人对重组条件不满意就可以利用此政策阻止 IMF 提供救助。为了解决这一问题，IMF 设计了 LIA 政策作为不容忍拖欠债务政策的例外，从而避免私营部门债权人以阻碍 IMF 救助相威胁来争取更好的重组条件。根据 LIA 政策，当成员国拖欠境外私营部门债权人的债务时，只有满足如下条件，IMF 才可以向该成员国提供贷款：迅速的 IMF 救助是成员国成功实施经济政策调整计划所必要的；并且成员国正在采取适当政策通过善意的努力与私营部门债权人达成合作协议（以下简称"善意标准"）。LIA 政策不再强制要求 IMF 救助的前提条件是成员国不存在债务拖欠，只要拖欠债务的成员国善意着手推动重组，那么 IMF 就可以提供救助贷款，在重组开始后，如果谈判陷入停滞的原因是债权人要求的重组条件与 IMF 贷款附加的经济政策调整计划不符，那么 IMF 仍会继续提供救助贷款。LIA 政策虽然放宽了 IMF 对拖欠债务成员国提供贷款的条件，但是依然不允许成员国对包括 IMF 在内的任何官方债权人拖

---

① 严格来讲，1989 年以前 IMF 不容忍拖欠债务政策也存在例外。IMF 于 20 世纪 70 年代已制定了拖欠债务情况下的贷款政策，但是在 1989 年之前，该政策的具体内容是在成员国居民对境外非居民拖欠债务的情况下，允许 IMF 向该成员国提供救助，这与本文的内容不直接相关。

欠债务。

LIA 政策是使 IMF 能够在特定条件下为拖欠债务成员国提供救助的法律机制，而这在过去是不为 IMF 救助机制所允许的。LIA 政策的法律依据是《IMF 协定》第五条第三款（a）项。[①]根据该条款的规定，"IMF 应制定使用其普通资金的政策，包括备用安排或类似安排的政策，也可对特殊的国际收支问题制定特殊的政策，以便协助成员国按照符合《IMF 协定》条款的方式解决其国际收支问题，并为暂时使用基金组织的普通资金建立充分的保障。"LIA 政策就是 IMF 为协助成员国按照符合《IMF 协定》条款的方式解决其国际收支问题而制定的政策，该政策使 IMF 可以向拖欠债务的成员国提供救助贷款，救助贷款附加的贷款条件将促使成员国实施有效的经济政策调整计划，经济政策调整计划中设定的经济指标和改革措施有助于主权债券实现有序重组，进而帮助成员国恢复经济活力和解决国际收支失衡。LIA 政策把 IMF 救助机制与主权债券重组连接起来，使 IMF 救助可以对主权债券重组产生一定影响：一方面 LIA 政策给予成员国进行重组的信心，如成员国依据与 IMF 救助计划相符的条件与债权人展开重组谈判，即便达成重组协议遇到困难无法立即解决债务拖欠，IMF 仍然会继续提供融资支持；另一方面 LIA 政策也为债权人参与重组提供了安抚，LIA 政策保证了成员国在重组谈判中提出的重组条件与该成员国向 IMF 寻求的救助是一致的。

从法律角度看，LIA 政策还存在一些缺陷。首先，LIA 政策中用于评估债务国是否采取适当措施推动重组的善意标准并不十分明确。虽然 IMF 曾对善意标准予以细化，规定为满足善意标准，成员国应在决定重组后与债权人尽早进行对话直至完成重组，应及时与所有债权人分享相关的非保密信息，应为债权人参与制定重组战略和具体重组措施尽早提供机会。但即便做了这些澄清，善意标准仍然被认为从根本上是基于个人主观评判的。善意标准的不确定性在某种程度上影响了主权债券重组的顺利进行，

---

① 《IMF 协定》第五条是关于 IMF 业务与交易的总体规定，第五条第三款是关于使用 IMF 普通资金条件的规定。

比如 2001 年阿根廷进行主权债券重组时，很多人就认为阿根廷并没有遵守善意标准，但 IMF 却并没有及时中止救助计划。其次，LIA 政策并不能对所有的主权债券重组都适用。①主权债券重组虽然大多是由拖欠债务引起的，但这并非是全部情况，在未实际发生拖欠主权债券本息的情况下，也可以进行预防性的主权债券重组。②而 LIA 政策只在成员国拖欠债务时才适用，对于没有发生债务拖欠情况下进行的主权债券重组，LIA 政策规定的债务国善意推动重组的要求并不适用。

LIA 政策是调整 IMF 救助与主权债券重组关系的重要规则，它增强了 IMF 救助机制的灵活性，避免了债权人对 IMF 救助决策形成干扰，使 IMF 在一定条件下向已发生债务拖欠的成员国提供救助合法化，从而让 IMF 可以更为主动地介入主权债券违约的处置。同时 LIA 政策也体现了 IMF 救助机制对主权债券重组的基本立场，即 IMF 通过向发生违约的债务国提供救助，鼓励债务国与债权人本着善意合作的态度、以市场化的合同约束方法自愿进行重组，因为以市场为导向的重组方式最有利于改善债务国和债权人之间的关系，从而提高债务国在未来重返国际资本市场获得市场化融资的可能性。

6.2.2 IMF 救助贷款优先权的法律分析

任何债权人为了维护自身利益都会希望使自己的债权优先于其他债权获得清偿。但是根据一般法律原则，债权具有平等性。数个债权，不论其发生先后，均以同等的地位并存。③债权平等的实质在于赋予各债权人实现债权的平等地位，即并存于同一民事客体之上的数个债权，不问成立的先后顺序，均处于同一地位，受偿机会相同。④但是 IMF 救助机制的一个重要前提就是，首先要维护其自有资金的安全，为此 IMF 经过长期实践

---

① LIA 政策对主权债券以外其他形式主权债务的重组也适用。此处为了紧密结合论文主题，刻意专门针对主权债券重组进行研究。

② 例如巴基斯坦（1999 年）、乌克兰（2000 年）、乌拉圭（2003 年）和多米尼加（2005 年）在实际发生主权债券违约前就进行了重组。

③ 王泽鉴：《民法概要》，北京，北京大学出版社，2009。

④ 曹宇：《债权的平等与优先——兼对债权平等理论的反思》，载《河北法学》，2012（10）。

突破了债权的平等性原则，使 IMF 救助贷款相对于其他私营部门债权人提供的融资取得事实上的优先权。长期以来，包括 IMF 在内的一些国际金融组织已习惯认为债务国能够而且也会优先去清偿由他们提供的贷款。①以下从法律角度对 IMF 救助贷款的优先权进行研究。

6.2.2.1　IMF 救助贷款优先权的法律性质

与 IMF 救助贷款一样，私营部门债权人持有的主权债券和提供的贷款在本质上也是属于债权，理论上这些债权都应当平等地获得清偿，当然法律也允许通过一定方式来排除债权的平等性原则。以是否利用了担保为标准，可划分为直接方式和间接方式，当事人不通过担保作为媒介，而是直接通过合同约定或者由法律直接规定改变权利顺位的为直接方式，当事人通过担保为媒介使有担保的债权优于无担保的债权受偿的为间接方式。②

对于以合同约定方式排除债权的平等性，实务中一些项目融资、并购贷款多会采取此种方式来确立债权的优先权。在这一模式下，全体债权人通过签署债权人间协议（Inter‑creditors Agreement）来约定各自债权的顺位，从而形成高级贷款人（Senior Lenders）和次级贷款人（Subordinated Lenders），次级贷款人一般是为了获取更高的利息收益而自愿同意将自己的债权次级于高级贷款人的债权，但是高级贷款人对于没有签署债权人间协议的债权人仍不能取得优先权地位。由于这类贷款的贷款人数量有限，并且借款人是专门为某个项目成立的特殊目的公司，不会产生项目用途之外的其他负债，以合同方式实现债权优先权操作起来相对容易。反之，主权国家的债权人数量众多，IMF 根本不可能说服所有债权人都同意签署债权人间协议，承认 IMF 救助贷款的优先权。对于以法律规定方式排除债权的平等性，实践中一般是各国国内法出于保护弱势群体、维护社会公共利益等目的而对债权的优先权顺位进行变更。比如，在我国的法律体系中

---

① Lee C. Buchheit, *of Creditors*, *Preferred and Otherwise*, 10 International Financial Law Review, 12 (1991).

② 孙新强：《破除债权平等原则的两种立法例之辨析——兼论优先权的性质》，载《现代法学》，2009（11）。

《中华人民共和国合同法》规定了建筑物承包人优先权，《中华人民共和国企业破产法》规定了职工工资和劳动保障费用优先受偿权，《中华人民共和国海商法》规定了船舶优先权，《中华人民共和国税收征收管理法》规定了税收优先权等。但是目前国际法和各国国内法都还没有明确规定，以 IMF 救助贷款为代表的国际官方救助融资享有优先权。对于以担保方式排除债权的平等性，在非主权借款人进行的借贷中已经非常普遍，但是主权国家基本是基于其国家信用进行融资，通常不会再为举债额外提供担保。总之，IMF 与其他债权人并未达成债权人间协议，国际法和各国国内法也没有关于 IMF 救助贷款优先于其他债权的规定，IMF 贷款和其他债权一样，绝大多数情况下也没有任何担保措施，因此 IMF 救助贷款在严格意义上并不具有优先于其他债权受清偿的法律地位。

实践中，IMF 通过其内部政策间接确立了 IMF 救助贷款的优先权。如前文所述，IMF 制定的 LIA 政策允许 IMF 向拖欠了境外私营部门债权人债务的成员国提供救助贷款，但是严格禁止向拖欠包括 IMF 在内的任何官方债权人债务的成员国提供救助贷款。也就是说，IMF 利用其提供国际官方救助的能力为筹码，以内部政策的形式要求债务国必须先行化解拖欠 IMF 等官方债权人的贷款，才有可能再获得 IMF 新的贷款，而其他债权人为了使债务国通过国际官方救助恢复偿债能力，也只能默示承认 IMF 救助贷款的优先权地位。鉴于 IMF 在国际官方救助领域的重要作用及其作为多边国际金融组织的特殊地位，现实中即便债务国已经出现偿债困难，一般也都会设法筹集资金优先偿还 IMF 贷款，只有极少数国家出现过对 IMF 贷款的违约。毕竟拖欠 IMF 贷款既会恶化与 IMF 的关系，也会对本国的国际声誉造成负面影响，最终破坏其寻求国际官方救助以及重新获得国际资本市场融资。

可见，IMF 救助贷款的优先权是事实上而非法律上的优先权，本质上是 IMF 自己的单边主张，但是 IMF 凭借其多边国际金融组织的特殊地位以及在国际社会的巨大影响力，使自己的这一立场在实践中得到了相关当事方的普遍承认和尊重。

6.2.2.2 IMF 救助贷款优先权的法律依据

《IMF 协定》强调应在充分保障 IMF 资金安全的前提向成员国提供贷款，这为 IMF 救助贷款的优先权提供了一定法律依据，毕竟各成员国作为《IMF 协定》缔约方有义务协助确保 IMF 资金安全，承认 IMF 救助贷款优先权可以落实这一要求。但是仅凭《IMF 协定》似乎并不足以完全支持 IMF 救助贷款取得优先权，毕竟保障 IMF 资金安全的措施还可以有很多，况且债务国的其他债权人作为非缔约方需要不承担这一条约义务。对于 IMF 救助贷款的优先权比较有说服力的法律依据是借用国内破产法中占有债务人融资制度（Debtor – in – Possession Financing，以下简称 DIP 融资制度）的基本原理将 IMF 救助贷款类比为 DIP 融资，从而主张 IMF 救助贷款应像 DIP 融资一样享有优先权。①

DIP 融资制度是指企业破产重整的特殊阶段，立法者出于吸引新的注资，以使企业能够顺利重整为目的，而在法律上进行的一系列制度安排，主要是对 DIP 融资者的优惠性政策，最典型的就是债权特殊优先权的设置。② DIP 融资制度起源于美国，当公司进入《美国破产法》第 11 章的重整程序后一切针对该公司的诉讼和非诉讼追索债务行为将自动中止，公司原有的管理层继续保留经营管理权，这一继续存续的实体获得所谓占有债务人（Debtor in Possession）地位，法律鼓励占有债务人将面临债务危机的企业带出困境。占有债务人为恢复正常生产经营通常需要筹集资金支付员工工资和其他相关费用，但是很少有债权人愿意为其提供新融资，为此，《美国破产法》第 364 条规定了 DIP 融资制度，根据该制度当满足一定条件时，破产法院可以向占有债务人获得的新融资（DIP 融资）提供一系列法律保护：如果债务人能证明自己无法通过其他途径获得足够融资，法院将允许债务人为 DIP 融资提供担保；如果证明其他有担保的债权人已经获得了足够保护，法院甚至可以允许债务人在该担保财产上为 DIP 融资设置更为优先的担保，从而使 DIP 融资优先于破产前发生的有担保债权、

---

① Steven L. Schwarcz, '*Idiot's Guide*' *To Sovereign Debt Restructuring*, 53 Emory Law Journal 1189, 1200 (2004).

② 沈钛滔:《美国 DIP 融资制度史简论》，载《中国证券期货》，2011 (4)。

重组期间发生的管理费用以及其他各项债权。①我国破产法制度中也有与
DIP 融资相类似的制度,《中华人民共和国企业破产法》第七十五条规定
在重整期间,债务人或者管理人为继续营业而借款的,可以为该借款设定
担保。DIP 融资制度的作用非常明确,通过赋予新债权优先权来鼓励社会
资本向已经进入重组程序的公司提供新融资,从而帮助公司摆脱困境防止
破产。DIP 融资由于破产法对于融资提供者的各种保护措施,而被认为是
陷入困境的企业中最为安全的贷款。②

　　IMF 救助贷款与 DIP 融资相比的确与之有很多相似之处。陷入主权债
务危机的国家虽然不存在破产的可能,但是它同进入重整程序的公司一
样,急需获得来自外部的新融资,旨在协助债务国化解国际收支失调的
IMF 救助贷款,如果像国内破产法中的 DIP 融资一样被赋予优先权,这样
就可以更加有效地保障 IMF 资金安全,从而促使 IMF 更及时地向债务国
提供融资支持。

　　6.2.2.3　IMF 救助贷款优先权产生的利益冲突

　　无论 IMF 救助贷款取得优先权的法律基础是否充分,至少目前已经
取得了事实上的优先权,这对于维护 IMF 的资金安全具有积极的意义,
但同时也可能会造成利益冲突。

　　为了有效解决主权债券违约问题,IMF 强调自身要独立于债务国和债
权人之外,以中立第三方的身份公正提供国际官方救助。现实中有很多国
家或是长期受主权债务问题困扰或是先前的救助计划并未奏效,因而曾多
次接受了 IMF 救助。如果债务国现有的存量负债中已经有了 IMF 以前提
供的救助贷款,那么 IMF 主张其救助贷款享有优先权的一贯立场就有可
能与 IMF 独立公正进行救助的立场发生冲突。具体而言,IMF 救助机制为
保障资金安全不允许债务国使用救助贷款去直接偿还其他债权人的债务,
但是如果债务国现有负债中已经有了 IMF 救助贷款,那么为维护自身利
益,IMF 就会直接使用新救助贷款去优先偿还自己的旧救助贷款,这种借

①　11 U. S. C. § 364.

②　Marshall S. Hubener, *Debtor In Possession Financing*, 69 the Rma Journal 30, 33 (2005).

新还旧的做法，虽然维护了 IMF 救助贷款的优先权，避免债务国对 IMF 产生债务拖欠，但却没有将新救助贷款真正用于协助债务国处置债务危机，这影响了 IMF 实施救助时的独立公正性，损害了 IMF 在国际官方救助领域的权威地位和公信力。此外，IMF 救助贷款优先权的主要理论依据是比照 DIP 融资制度为 IMF 救助融资提供优先权保护，既然新 IMF 救助贷款的用途是置换旧 IMF 救助贷款而没有实质性增加对债务国的救助资金支持，那么新 IMF 救助贷款就不应当再继续享有优先权。

6.2.3 IMF 在主权债券重组中角色的法律分析

如前所述，IMF 对主权债券重组的基本立场是鼓励当事方本着善意合作的态度，通过市场化的合同约束方法自愿进行重组。尽管如此，IMF 作为非重组当事方，有时还是会利用 IMF 救助机制从多个方面介入到主权债券重组当中，并对重组的进程和结果产生影响。以下对 IMF 在主权债券重组中可能扮演的潜在角色进行分析。

第一，IMF 可以影响当事方是否启动重组以及是否参与重组的决策。从法律角度主权债券重组的实质是债务国和债权人协商重新修改合同条款，IMF 作为第三方不主张干涉当事方的合同权利义务。但是《IMF 协定》第一条第五款规定，IMF 的宗旨之一是使成员国有机会在无须采取有损本国和国际繁荣的措施的情况下，纠正国际收支失调，因此当债务国负债情况变得不可持续时，IMF 可以相关向债务国提出建议，以使重组对本国和国际繁荣造成的损失最小化。现实中，IMF 有多种方式影响重组当事方的决策。IMF 有时会去影响债务国针对是否违约以及是否启动重组的决策。比如 1999 年厄瓜多尔的主权债券违约，当时的背景是，外界普遍批评 IMF 过度提供救助滋生了成员国随意举债的道德风险，IMF 正在试图要求私营部门债权人共同分担损失，虽然 IMF 与厄瓜多尔沟通的具体情况并未公开，但很多市场投资者猜测 IMF 鼓励了厄瓜多尔的违约行为。[1]再

---

[1] Michael Rosenthal, *A Brady Bail－in for Ecuador*, Duke Univercity（28 February 2016），http：// econ. duke. edu/uploads/assets/dje/2000/rosenthal. PDF.

如，IMF 通过中止救助计划间接触发了 1998 年俄罗斯和 2001 年阿根廷的
主权债券违约。当 IMF 试图说服债权人积极参与重组时，它会通过一定
形式表示对重组的支持，从而说服债权人与债务国合作实现重组是化解主
权债券违约的最佳途径。有时 IMF 总裁会向相关金融机构出具安慰函，
表明其支持债务国经济改革计划和重组条件的态度，这种安慰函虽然不具
有法律约束力，但通常会被业界视同 IMF 为债务国作出的隐性背书。有
时 IMF 还会更进一步，将 IMF 提供救助与重组成功与否直接挂钩，比如
在 2004 年乌拉圭主权债券重组过程中，IMF 明确表示如果重组参与率不
足，则 IMF 将会中止向乌拉圭提供后续救助贷款，在 2010 年牙买加主权
债券重组之前，IMF 直接将完成重组作为 IMF 提供救助的前提条件，在
2004 年多米尼加主权债券重组前夕，IMF 工作人员参加了债务国与主要
主权债券持有方协商重组事宜的非正式会面，IMF 还公开强调高重组参与
率对于多米尼加实现经济调整目标是至关重要的。[1]可见 IMF 在必要时可
以通过各种方式分别对债务国和债权人的重组决策产生影响。

第二，IMF 可以通过参与制订经济政策调整计划影响重组的具体条
件。IMF 救助贷款通常均附加贷款条件要求债务国实施经济政策调整计
划，经济政策调整计划中设定的宏观经济指标将不可避免地影响到主权债
券重组的债务削减程度，因此 IMF 可以通过 IMF 救助贷款附加的经济政策
调整计划来影响各方对重组结果的预期，从而对债务国和债权人之间进行
的重组谈判产生影响。实践中，IMF 救助计划项下，经济政策调整计划所规
定的经济指标有时非常严格但有时却很宽松。比如 2001 年阿根廷主权债券
违约后，IMF 救助计划规定的经济指标很温和而且也未对远期经济数据作要
求，债务国和债权人之间可以有很大的自由空间对重组条件进行谈判。

第三，IMF 可以通过提供相关信息影响重组进程。主权国家的负债情
况等敏感信息不会对外公开，普通债权人既没有搜集信息的有效渠道，也
缺乏对信息进行研究分析的专业知识。根据《IMF 协定》的规定，IMF 可

---

① Diaz Cassou, J. A. Erce and J. Vazquezzamora, *Recent Episodes of Sovereign Debt Restructurings: A Case - Study Approach*, 0804 Banco De España Occasional Paper 9, 27 (2008).

以要求各成员国提供 IMF 认为其开展业务活动所需的各种信息，而且 IMF 也具备对这些信息展开深入分析的专业能力。IMF 对债务国的债务可持续性分析以及其他宏观经济信息研究成果，不仅对自身的救助决策有重要作用，而且还可以用于协助债权人更准确地判断债务国的财政状况以及重组前景。另外，IMF 的第三方身份也使其信息的权威性和可信性高于私营部门和研究机构发布的信息。但是 IMF 披露债务国债务可持续性分析报告时，尚没有统一的标准，而且需要得到债务国的同意，因此 IMF 公开发布的各国的债务可持续性信息在具体内容和形式上差别较大。

通过总结可以发现，IMF 在主债券重组中可以扮演决策建议者、改革计划制订者和信息提供者等多种潜在的角色。IMF 介入重组不是要成为重组的主导者或决策者，而是要为债务国和债权人实现及时有效的重组做好辅助工作并创造便利条件。虽然 IMF 积极鼓励债务国和债权人通过合同约束方法自愿进行重组，但是很多情况下，仅凭当事方的参与并不能有效推动重组。IMF 作为国际官方援助提供者是与重组无利害关系的独立第三方，通过在重组中扮演一定角色，可以促使债务国和债权人以更加善意合作的态度参与重组谈判，并可以协助当事方在谈判过程中认清实际情况，放弃不切实际的主张，从而尽快达成积极务实的重组条件。不过 IMF 的相关政策并没有对其在主权债券重组中担当的角色作出规定，实践中 IMF 自由行事的空间相对较大，其介入重组的方式和程度主要基于个案具体情况来决定，从而对重组会产生不同的影响。一方面这的确增强了 IMF 协助推动重组时的灵活性，但是另一方面也造成 IMF 的做法缺乏一致性。未来 IMF 应考虑针对如何介入主权债券重组的问题作出具体规定，以便确保 IMF 在重组中的角色既不缺位也不越位。

6.3　本章小结

国际社会对于 IMF 救助机制存在一定批评意见，有的认为 IMF 救助机制滋生了债务国和债权人依赖外部救助拒绝重组的道德风险，有的认为 IMF 救助机制受政治因素影响不能公平对待所有债务国和债权人，还有的认为 IMF 救助机制存在自由裁量空间过大的问题导致其救助行为缺乏一致性等。尽管存在着不足，但是也必须看到，IMF 救助机制从总体上对于处置主权债券违约和维护金融市场稳定具有非常积极的意义，它是目前国际官方救助领域不可替代的多边机制，而且在可预见的未来仍将继续发挥重要作用。特别是 IMF 以其基本宗旨和《IMF 协定》有关原则为基础将国际官方救助的实践不断规范化和制度化，形成了相对完备的规则体系，对于推动国际官方救助制度的发展起到了决定性作用。欧洲主权债务危机爆发后建立起的又一个重要国际官方救助机制——欧洲稳定机制（European Stability Mechanism，ESM）在最大可能模仿了 IMF 确立的框架。①本文认为，进一步完善 IMF 救助机制的关键在于，尽最大可能增强 IMF 救助机制的独立性和公正性。独立性是指 IMF 救助机制强调以规则为导向，确保对于是否救助以及如何救助作出独立的内部决策，免受债务国、个别大国或者国际社会施加的外部影响。公正性是指 IMF 应保持客观公正的立场实施救助，减少规则中的主观因素和自由裁量空间，避免自身卷入利益冲突问题。通过强化 IMF 救助机制的独立性和公正性，不仅可以直接规范 IMF 自身的救助行为，而且通过提高 IMF 救助结果的稳定性和可预期性可以间接规范债务国和债权人的重组行为。不可否认，IMF 救助机制与国际政治有着千丝万缕的联系，要想完全解决 IMF 救助机制存在的问题，会涉及 IMF 改革等重大宏观课题，这需要专门进行深入研究，此处主要是从法律角度对完善 IMF 救助机制提出技术层面的具体建议。

第一，IMF 救助机制应专门制定关于主权债券重组的政策。IMF 救助机制必须注意协调与主权债券重组的关系，以救助推动促进重组，同时防止债务国和债权人对 IMF 救助产生依赖。目前 IMF 救助机制没有专门针

---

① European Commission, *European Stability Mechanism（ESM）– Q&A*, European Union（25 November 2015），http：//europa. eu/rapid/pressReleasesAction. do? reference = MEMO/10/636.

对主权债券重组的政策，主要通过 LIA 政策协调与重组的关系。如前所述，LIA 政策并不适用于债务国没有实际发生债务拖欠的预防性重组，而且 LIA 政策也没有对 IMF 如何推动促进重组作出具体规定。以 LIA 政策为基础制定更全面的政策调整 IMF 救助与重组的关系，这样可以增强 IMF 救助机制的稳定性和可预见性，减少 IMF 救助机制在协调与重组关系时的随意性，使债务国和债权人提前对 IMF 救助形成准确的预期和判断，避免因过度依赖 IMF 救助而使重组陷入僵局。

第二，IMF 救助机制应减少关键政策中主观因素的影响。现有的 IMF 救助机制已经形成了比较严格的规则体系，不同个案中 IMF 救助措施缺乏统一性主要是由政策中的主观因素所导致。如前文分析，LIA 政策中用于评估债务国是否采取适当措施推动重组的善意，一定程度上是基于主观判断，特殊贷款限额政策中对主权债务可持续性分析以及特殊贷款限额政策的溢出效应例外条款也都容易受主观因素影响。建议应当以更加客观和可以量化的标准细化有关内容。以 LIA 政策中的善意标准为例，可以考虑借鉴和模仿国际金融协会制定的《稳定资本流动和公平债务重组原则》（以下简称《原则》）。该《原则》制定于 2004 年，是预防和解决主权债务危机的自愿行为准则，包括四大方面共十五项条款，其中一个方面就是倡导债务国和债权人善意行事。2012 年后续通过的《原则》附件进一步对于善意行事予以细化，详细阐述了善意行事的具体实务标准，使得善意行事原则更具指导性。LIA 政策可以考虑直接采用该《原则》对善意行事的解释，或者以此为标准自行对善意标准进行具体化。

第三，IMF 救助机制应进一步完善其救助贷款优先权制度。根据《IMF 协定》充分保障自有资金的安全是 IMF 提供救助的重要前提，这一基本原则应得到维护。但如前文所述，如果 IMF 已经向债务国提供过救助贷款，为维护优先权而使用新 IMF 救助贷款直接偿还旧 IMF 救助贷款将带来利益冲突问题，为此建议 IMF 救助贷款只享有相对优先权，即 IMF 救助贷款不能直接用于清偿之前已经提供的 IMF 救助贷款，而是应全额提供给债务国用于解决国际收支失衡，但如果债务国恢复偿债能力后对全部债务进行一般性清偿时 IMF 救助贷款则应相对于其他债权优先受偿。相对优先权使 IMF 提供的全部资金实际用于对债务国的救助，避免了 IMF 救助贷款优先权引发的利益冲突问题，同时不得直接借新还旧使 IMF 进行救助决策时更为谨慎，抑制了 IMF 随意提供救助贷款的可能。

中国应对主权债券违约的策略

自 2008 年肇始于美国的金融危机爆发后，美国的政府债务问题和欧洲主权债务危机日益表明，发达国家不再是主权债务债权人的代名词，目前中国作为主权债务领域的债权大国，债权收回风险值得关注。[①]虽然当前我国发行主权债券违约概率极低，但是我国将大量外汇储备投资于其他国家发行的主权债券，我国的机构投资者也在境外资本市场投资其他国家发行的主权债券，一旦其他国家发行的主权债券出现违约，就有可能直接影响到我国及我国投资者的利益。实践中，如何处置主权债券违约问题会受到政治、经济和外交等诸多因素影响，但在其他因素事先并不能确定的情况下，应当首先考虑依靠稳定规范的法律制度作为应对解决主权债券违约问题的基本工具，因此对于我国而言，有必要从法律角度研究如何应对未来其他国家可能发生的主权债券违约问题，并设法对正在发展形成中的主权债券违约处置法律制度施以影响，从而最大限度地维护我国和我国投资者的利益。

7.1　中国主权债券市场概况

中国拥有仅次于美国和日本的全世界第三大债券市场，主权债券是其中重要的交易品种。据统计，截至 2016 年 10 月，我国债券市场总托管余额为 61.6 万亿元，其中国债托管余额为 11.2 万亿元。[②]

中国的债券市场主要包括交易所债券市场、银行柜台债券市场以及银行间债券市场。交易所债券市场是我国债券场内交易场所，由中国证券监督管理委员会监管，上海证券交易所和深圳证券交易所均有债券交易业务。银行柜台债券市场则主要是向散户投资者发售政府债券。交易所债券市场和银行柜台债券市场的交易规模相对较小，而银行间债券市场则是我

---

① 郭华春：《主权债务债权人的"对价"能力机制分析——基于诉讼角度的观察》，载《法商研究》，2012（3）。

② 中国人民银行：《2016 年 10 月金融市场运行情况》。

国最主要也是规模最大的债券市场。银行间债券市场由中国人民银行监管并由中国银行间市场交易商协会自律管理，最初用于各商业银行之间的资金拆借，目前已形成包括各种类型多元化的投资者结构，产品涵盖中国国债、地方政府债券、政策性金融债、企业债、中期票据、短期融资券和超短期融资券等多样化的债券产品序列。在中国人民银行的规范和引导下，自 2005 年泛亚基金和亚债中国基金获批进入银行间债券市场后，银行间债券市场对外开放步伐不断加快。现在符合规定的境外投资者投资我国银行间债券市场已无须事先审批，也不再有投资额度和产品方面的限制。①另外，包括主权发行人在内的境外实体目前已经可以通过银行间债券市场在中国境内发行债券，比如韩国政府已于 2015 年底率先在银行间债券市场发行了主权债券。

随着中国债券市场对外开放程度不断提升以及人民币被纳入国际货币基金组织特别提款权货币篮子，可以预见越来越多的国际投资者会把目光转向中国的债券市场，主权债券将会成为他们投资中国债券市场的重要债券产品之一，外国政府在我国发行主权债券的规模也可能会逐渐增大。积极推动构建完善主权债券违约处置法律制度可以进一步增加投资者信心，帮助我国在国际金融市场树立良好形象，也有助于我国金融市场法律制度的完善。

7.2　中国对主权债券违约问题的基本定位

我国既是发行主权债券的债务国，同时也是投资其他国家主权债券的

---

① 相关法规主要有：2010 年 8 月 16 日《中国人民银行关于境外人民币清算行等三类机构运用人民币投资银行间债券市场试点有关事宜的通知》；2013 年 3 月 10 日《中国人民银行关于合格境外机构投资者投资银行间债券市场有关事项的通知》；2015 年 7 月 15 日《中国人民银行关于境外央行、国际金融组织、主权财富基金运用人民币投资银行间市场有关事宜的通知》；2016 年 2 月 17 日中国人民银行公告〔2016〕第 3 号；2016 年 5 月 27 日人民银行上海总部发布的《境外机构投资者投资银行间债券市场备案管理实施细则》。

债权人，站在中国的立场分析研究如何应对处置主权债券违约问题，必须明确中国在这一问题中的基本角色定位。

从债权和债务规模角度进行比较，尽管缺少精确的数据，但仍可以判断我国和我国投资持有其他国家主权债券的规模要超过我国发行的主权债券余额。根据中国人民银行公布的统计数据，目前我国财政部在境内债券市场发行的国债托管余额为 11.2 万亿元人民币。而我国政府在境外债券市场发行主权债券的规模则一直相对有限。国家外汇管理局运用外汇储备投资其他国家主权债券的情况没有公开，但根据美国财政部公布的数据，中国仅投资于美国国债的规模就约有 1.157 万亿美元。①我国政府运营外汇储备的另一家主要机构——中国投资有限责任公司的投资情况相对透明，根据其 2015 年年报显示，中国投资有限责任公司资产总规模约 8100 亿美元，对各种债券产品的投资占全部投资的 14.44%，这其中有 64.16% 都投资于发达国家发行的主权债券，5.13% 投资于新兴主权债券，可以发现主权债券在中国投资有限责任公司的资产配置中占据了相当比例。当然这些还没有考虑中国机构投资者对外国主权债券的投资情况。故大体可以判断我国和我国投资持有的其他国家主权债券规模要大于我国自己发行的主权债券余额。

从主权债券违约风险的角度进行比较，我国发行的主权债券信用评级较高、偿债记录良好且违约风险整体可控，而部分新兴市场国家和一些发达国家发行的主权债券违约风险则呈现出增加的趋势。自 2016 年以来，国际三大评级机构标准普尔、穆迪和惠誉已实际下调了十多个国家的主权信用评级，下调评级国家数量创下历史同期的新高。在这一大背景下，中国的主权信用评级虽然维持不变，但是主权信用评级展望遭遇了下调，这反映出评级机构对我国政府债务可持续性和经济增长前景等问题的担忧。不过国际评级机构对中国主权信用评级展望的下调，并不足以说明中国政府作为债务人履行偿还主权债券能力与意愿的降低，我国主权债券的违约

---

① U. S. Department of the Treasury, *Major Foreign Holders of Treasury Securities*, U. S. Department of the Treasury（18 November 2016）, http：//ticdata. treasury. gov/Publish/mfh. txt.

风险依然总体可控。从近期市场反应来看，西方评级机构下调中国主权信用评级展望后，国际和国内市场并未受到影响出现大幅度的波动，境内股票市场、债券市场、人民币汇率走势、境外主权债券收益率以及离岸人民币汇率基本保持稳定。从长期总体趋势来看，自 20 世纪 90 年代起，中国的主权信用评级一直稳步上升，即使是在国际金融危机爆发以后，在世界主要经济体经历最困难的时期，中国主权信用评级也是在上升的。目前我国处于经济增速换挡和结构调整的新常态，正在通过着力加强供给侧结构性改革持续增强发展动力，随着一系列改革措施的落实，经济运行中向好的趋势将会更加明显，故本文认为，总体而言我国主权债券的违约风险在现阶段要低于其他国家主权债券的违约风险。

基于以上分析，本文认为我国在应对主权债券违约问题上的基本立场应定位在持有主权债券的债权人，此外随着我国在地区以及全球影响力的增加，我国未来还有可能直接扮演或者间接通过 IMF 等国际组织，扮演国际官方救助提供者的角色。

7.3 政策建议

根据上文分析的立场定位，结合前面章节的研究，本文对中国应对主权债券违约问题的策略提出以下建议：

首先，我国应当积极寻求在制定和推广使用主权债券合同条款方面的话语权。当前主权债券违约处置的最主要方式是实施主权债券重组，而现行规范主权债券重组的主要方式是主权债券重组的合同约束方法，主权债券重组的合同约束方法发挥作用的基本途径是在主权债券市场推广使用具备规范重组程序功能的标准化合同条款，从而通过事先约定的合同条款来约束日后可能发生的主权债券重组，故主权债券合同条款的制定权对于主权债券违约处置具有重要的意义。与主权贷款合同条款存在相对较大自由变动空间不同，主权债券由于需要频繁在二级市场流通，一般都是采用更为标准化的合同条款，所以制定和推广使用主权债券合同条款的权力就显得更加重要。虽然主权债券合同条款大部分是基于长期实践逐步形成的市场惯例，但是其中一些关键条款会受到利益相关方的刻意影响，特别是会受到债券发行地国家的干预，前文关于集体行动条款在英国和美国产生背景的对比分析就已充分说明这一问题。当前新设计的单分支集体行动条款已极大降低债务国实现主权债券重组的难度，但是债权人利益保护问题却没有得到相应的重视。对此，我国及我国投资者从债权人角度出发应对投资此类含有单分支集体行动条款的主权债券持慎重态度，并力争在单分支集体行动条款成为市场通行合同条款以前向债券发行国、债券承销商、相关行业协会以及债券发行地政府反馈意见，要求进一步完善单分支集体行动条款，加入对债权人利益的有效保护机制，以防该条款为债务国滥用。为了应对主权债券违约问题，我国应注意跟踪主权债券市场通行合同条款的最新发展动向，凭借世界主要经济体的地位取得对制定修改合同条款的一定话语权，以便在他国发生主权债券违约时能够处于较为主动的地位。

其次，我国应积极参与国际社会有关建立主权债券重组法律规制方法的讨论。主权债券重组的法律规制方法虽然还未建立，但是从长远来看是未来主权债券违约处置法律制度的可能发展方向。以联合国框架下建立主权债务重组进程多边法律框架的进展为例，联合国大会已于2014年通过了《推动为主权债务重组进程建立一个多边法律框架》的第68/304号决议，负责具体起草制定主权债务重组进程多边法律框架的主权债务重组进程特设委员会也已成立并开始工作，主权债务重组进程的基本原则也于2015年由该特设委员会制定并被联合国大会通过。尽管这一主权债务重组的多边国际法框架在短期内还难以实现，但联合国大会至少为各国提供了表达意见的平台。联大第68/304号决议是由玻利维亚代表77国集团和中国提交的，随后成立的主权债务重组进程特设委员会主席由玻利维亚驻联合国大使担任，但是应当注意发展中国家对于建立主权债务重组多边国际法框架的意见并不完全一致。与发展中国家多为债务国身份不同，我国虽然是发展中国家，但现在更多时候却是债权人身份。主权债务重组进程的基本原则中，突出强调了主权国家有重组本国主权债务的自主权，各国在主权债务重组问题上享有管辖和执行豁免权，且例外情况应严格依法解释等，这些基本原则一定程度上有利于维护债务国利益，未来根据上述基本原则着手建立主权债务重组进程多边法律框架时，我国应表达自己的意见。

再次，我国应支持对主权债券违约诉讼进行调整规范，使其成为对主权债券重组制度的有益补充共同应对处置主权债券违约。虽然主权债券违约诉讼有时会在一定程度干扰主权债券重组的顺利进行，特别是秃鹫基金以盈利为目的的低价买入违约主权债券，恶意发起诉讼将可能影响债务国的金融稳定，但同时也必须注意到主权债券违约诉讼可以有效防范债务国恶意违约的道德风险，是保护债权人利益的重要手段。从债权人的利益考虑，我国不应对主权债券违约诉讼持简单否定态度，而是应倡导对主权债券违约诉讼这一违约处置方式加以规范和完善。在国际法层面，我国应注重协调建立规范主权债券违约诉讼的基本原则，在限制和消除秃鹫积极恶意诉讼负面影响的前提下，使诉讼成为债务国违约时维护我国和我国投资者利益的有效法律手段。在国内法层面，由于目前以美国和英国为代表的发达国家法院实际掌握主权债券违约诉讼案件的管辖权，我国应就当前主权债券违约诉讼涉及的核心问题，如法院判决可执行性、债权人利用同等权利条款进行诉讼等事项与相关国家充分协调沟通，力争影响其与主权债券违约诉讼相关的国内法制度。从长远角度考虑，我国应推动中国债券市场成为重要的国际主权债券市场，吸引主权发行人在我国境内发行主权债券，从而倡导债券合同约定适用中国法并接受中国法院诉讼管辖，以便取得对主权债券违约诉讼的主导权。与此同时，我国还应注意完善与主权债券违约诉讼相关的国内法制度，比如执行法院判决时涉及的国家及其财产豁免法律制度以及判断是否适当行使集体行动条款时涉及的恶意或滥用合同权利的法律制度等。

最后，我国在参与 IMF 改革进程中应注重完善主权债券违约的国际官方救助制度。由于近年来金融危机的频繁发生以及 IMF 的应对措施不力，国际社会要求 IMF 进行改革的呼声不断提高。IMF 改革涉及增加发展中国家投票权、监督体系改革以及贷款机制改革等诸多议题，这其中很多都与主权债券违约的国际官方救助制度存在一定联系。随着经济实力和影响力的提升，中国将在 IMF 等国际经济组织中逐渐发挥更大作用，在协商讨论 IMF 改革问题时，我国应充分考虑相关改革措施是否有利于增强 IMF 救助机制的独立性和公正性，避免个别大国单方面对 IMF 提供国际官方救助施加影响。

　　总之，主权债券违约处置法律制度处于不断完善和发展的过程中，这对于各国来讲既是机遇也是挑战，我们应当认真分析主权债券违约处置法律制度当前存在的问题以及未来的发展趋势，并以此为基础，从本国国家利益出发寻找应当采取的最佳策略。

8

结 论

本书的研究对象是主权债券违约处置法律制度，前文已将这一具有高度复杂性的问题分解为几个具体分项问题逐一进行了研究，本章尝试以对主权债券违约处置法律制度的宏观思考和认识作为结束。基于前面章节的研究，本文得出以下结论：

8.1　对主权债券违约处置法律制度的总体认识

主权债券是现阶段主权债务的最主要组成部分。与主权债务的另外一种类型主权贷款相比，主权债券具有期限长、融资成本低、对债务国约束少、可在证券交易所公开交易和支付结算程序便捷等诸多优势，因此主权债券在可预见的将来仍然将会是各国举借主权债务的最主要方式。

主权债券违约问题已引起了国际社会的广泛关注，各国纷纷采取各种预防措施，但是主权债券违约事件一直从未间断。特别是随着欧洲主权债务危机的爆发，主权债券违约反而呈现愈演愈烈的趋势。事实证明，对主权债券违约问题的研究不能仅仅局限在如何事前预防主权债券违约，同时也有必要从法律角度出发，系统研究如何事后解决已经实际发生的主权债券违约，即构建主权债券违约处置法律制度。当发行主权债券的债务国出现违约时，有效的主权债券违约处置法律制度，通过在保护债权人和债务国利益之间寻找最佳平衡点，来妥善解决主权债券违约问题，从而更好地维护主权债券市场秩序和国际金融体系稳定。

主权债券自身的特点决定主权债券形成了其特有的违约处置方式。虽然主权债券的发行、流通和偿还等环节已完全市场化运作，主权债券合同中也都明确约定了法律适用条款和争议解决条款，但是主权债券债务人和债权人的特殊性使其在违约处置环节，既不同于其他普通债券也不同于主权贷款。主权债券的债务人是一类特殊主体——主权国家。主权国家依据国际法享有主权豁免，并且国家不能像公司企业那样依据一国国内破产法被强制破产清算。如果主权债券发生违约，债权人仅依靠诉讼（或仲裁）

和申请破产清算等常规合同违约的救济措施往往效果并不十分理想。另外，主权债券的债权人具有数量多、分布广、构成多元化且异质性强等特点，这在无形中又增加了主权债券违约处置的难度和复杂性。与主权贷款相比，虽然主权贷款的债务人同样也是主权国家，但是主权贷款的债权人通常数量有限而且构成相对简单，这就使主权贷款违约处置的难度远低于主权债券。回顾历史，曾先后有各种不同的措施用于应对处置主权债券违约，最终经过长期实践，主权债券重组、主权债券违约诉讼和主权债券违约的国际官方救助，共同构成主权债券违约处置的主要方式，其中主权债券重组是处置主权债券违约的最重要方式。

尽管主权债券违约处置的主要方式已经明确，但是直到目前，系统完善的主权债券违约处置法律制度尚未形成，缺少有效的法律制度来调整规范上述主权债券违约处置方式，这直接影响主权债券违约问题得到迅速有序解决。本文认为，未来国际社会应当依据主权债券违约处置的主要方式，着手推动建立以主权债券重组制度为基础支撑，以主权债券违约诉讼制度和主权债券违约的国际官方救助制度为辅助补充的主权债券违约处置法律制度。

8.2　对主权债券违约处置法律制度存在问题的剖析

历史上，主权债券违约大多集中发生在发展中国家和不发达国家，发达国家则较少出现主权债券违约。发展中国家和不发达国家的大额融资需求使其成为主权债券的主要发行国，很大一部分主权债券都被发达国家的金融机构和私人投资者所持有。为了扩大发行规模并降低融资成本，很多发展中国家和不发达国家都会选择在重要的国际金融中心公开发行主权债券，纽约、伦敦等城市也就成为全球最重要的主权债券市场。根据市场惯例，主权债券的融资文件通常约定适用债券发行地法律，并约定将争议提交债券发行地法院诉讼解决，因此英美等发达国家不仅在经济层面对主权债券市场有巨大影响力，而且也从法律层面控制了对主权债券违约处置问题的主导权。为维护本国和本国投资者利益，英美等发达国家对于主权债券违约处置问题的基本立场是：在确保国际秩序稳定的大前提下，侧重保护发达国家债权人的利益，强调尊重主权债券的合同约定，避免滋生债务国故意违约的风险，注重维护发达国家地作为国际金融中心的市场地位。

上述关于主权债券违约处置问题的基本立场决定了当前主权债券违约处置法律制度的基调。对于如何规范主权债券重组的问题，采取以市场为导向且充分尊重当事方意愿的合同约束方法，搁置法律效力更为直接但实施难度较大的法律规制方法；对于少数抵制重组债权人提起主权债券违约诉讼的问题，有管辖权的法院倾向否定债务国的抗辩理由来提升主权债券违约诉讼的可行性，必要时在个案中开始支持债权人针对债务国执行胜诉判决；对于为违约债务国实施国际官方救助的问题，强调以 IMF 为代表的官方机构制定更加规范严格的救助机制，减少实施救助时的随意性，避免违约债务国对国际官方救助产生依赖心理。审视当前的主权债券违约处置法律制度，主要存在着以下几方面问题：

首先，在主权债券重组制度方面，尽管合同约束方法已经广泛应用于规范主权债券重组并取得了良好的实际效果，但近年来的实践证明仅凭合同约束方法不能完全确保主权债券实现及时有序重组。本文认为，应在进一步完善合同约束方法的同时考虑引入法律规制方法，使合同约束方法与法律规制方法并存，共同规范主权债券重组，原则上主权债券重组应适用法律规制方法的具体规定，但在特定事项上，如果当事人通过合同约束方法事先作出了约定则从其约定。对于完善合同约束方法的问题，现阶段应慎重使用单分支集体行动条款，而是将已得到实践检验的分批次式集体行动条款和两分支集体行动条款作为标准化合同条款，在主权债券市场推广使用。对于建立法律规制方法的问题，关键在于如何在各国政府、国际组织、投资者、市场中介机构等利益相关方之间寻找到共识和平衡点以便使制度落地，具体来说，可以尝试区域性法律规制方法和多边法律规制方法两者并行推进，未来欧盟、IMF 和联合国都有可能成为国际社会推动建立法律规制方法的平台。

其次，在主权债券违约诉讼制度方面，尽管现阶段债务人通过诉讼取得胜诉判决难度已经不大，但是判决最终得到有效执行依然面临很多困难，主权债券违约诉讼仍然只是少数具备充足资金和专业法律技能债权人，考虑采用的替代性违约处置方式。虽然少数债权人提起主权债券违约诉讼，可发挥降低债务国故意违约风险以及保护债权人利益等积极作用，但实践中主权债券违约也会干扰主权债券重组的顺利进行，特别是秃鹫基金进行的恶意诉讼极具攻击性和破坏力，一部分人甚至主张在主权债券违约处置领域彻底消灭主权债券违约诉讼，以排除其对主权债券重组的干扰。本文认为，彻底消除主权债券违约诉讼的观点并不现实，主权债券违约诉讼的积极意义不应被忽视，可从国际法和国内法两个层面着手调整规范主权债券违约诉讼制度，使其在主权债券违约处置法律体系内扬长避短发挥效率，成为对主权债券重组制度的有益补充，共同解决主权债券违约问题。

最后，在主权债券违约的国际官方救助制度方面，虽然从总体上为处置主权债券违约和维护金融市场稳定发挥了积极作用，但是国际官方救助制度也滋生了债务国和债权人依赖外部救助拒绝实施重组的风险，另外，目前的国际官方救助制度存在着易受政治因素影响、不能公平对待所有债务国和债权人、自由裁量空间过大以及救助行为缺乏前后一致等问题。本文认为，完善以 IMF 救助机制为代表的国际官方救助制度关键在于，尽最大可能增强国际官方救助制度的独立性和公正性，比如 IMF 救助机制应考虑制定专门关于主权债券重组的政策，减少关键政策中主观因素的影响并进一步完善其救助贷款优先权制度。

8.3 对主权债券违约处置法律制度发展趋势的展望

当前主权债券违约处置法律制度仍处于形成发展的过程中，自欧洲主权债务危机爆发以来，对全球经济具有系统重要性影响的欧洲发达国家也开始受到主权债券违约问题的困扰，主权债券违约处置法律制度随之出现新的发展趋势。

在主权债券重组制度方面，更为强势的多批次合并式集体行动条款被设计出来并迅速在主权债券市场得到应用，债务国通过重组处置违约的难度得以进一步降低。自 2013 年起，所有欧元区政府新发行的一年期以上主权债券已开始统一强制使用欧元区标准版本集体行动条款，其中包含了两分支集体行动条款。2014 年 8 月，国际资本市场协会推出了新的标准版本集体行动条款，其中包含了单分支集体行动条款。2012 年，希腊进行主权债券重组时，通过制定新立法在所有适用希腊国内法的主权债券中溯及既往的，加入了单分支集体行动条款，从而在较短时间内实现重组，并实现了 96.9% 的重组参与率和 52% 的债务削减率。随着集体行动条款类型的发展演变，债务国实施主权债券重组的难度不断降低，呈现趋于维护债务国利益的趋势，而债权人利益受到不当损害的风险则随之增大。对于违约债务国滥用主权债券重组合同约束方法，损害债权人利益的潜在风险，今后国际社会应当把完善合同约束方法的重点，适当转向保护债权人利益，避免债务国以牺牲少数债权人利益为代价强行推动重组，具体而言，合同约束方法可从事前防范措施和事后救济措施两大方面去强化对债权人利益的保护。此外，在主权债券重组制度领域，越来越多的利益相关方倾向把建立主权债券重组的法律规制方法作为长期共同目标加以实现。目前，联合国框架下推动建立主权债务重组多边法律框架的工作已付诸行动，越来越多的学者也开始探讨在欧盟范围内建立区域性的主权债券重组法律规制方法。尽管建立主权债券重组的法律规制方法依然面临很多困难和阻力，但从长远来看，主权债券重组的法律规制方法已成为未来主权债券重组制度可能的发展方向。

在国际官方救助制度方面，原本趋向更加严格规范的救助政策在欧洲主权债务危机爆发后又重新开始出现宽松趋势。在希腊主权债务危机中，IMF 不惜修改特殊贷款限额政策，通过加入溢出效应例外条款豁免对接受救助国家主权债务可持续性的要求，从而为希腊提供了超出常规贷款限额的救助资金。自此以后，IMF 开始频繁援引溢出效应例外条款，为成员国提供超出常规贷款限额的救助资金。这种发展趋势对于在未来强化国际官方救助制度的独立性和公正性而言无疑是巨大挑战。

当然，主权债券违约处置法律制度并不是一边倒转向完全有利于债务国的发展趋势。尽管一些发达国家，特别是欧洲国家，由于受主权债务危机困扰，开始更多站在债务国角度考虑主权债券违约处置问题，但是各国最终还是会根据自身利益，有选择地对发展中的主权债券违约处置法律制度施加影响。在主权债券违约诉讼制度方面，美国法院在著名的 NML Capital Ltd. 诉阿根廷共和国案中作出了有利于债权人 NML Capital Ltd.（由美国对冲基金控制的开曼公司）的判决，要求债务国阿根廷必须根据主权债券合同中的同等权利条款，向抵制重组的债权人和已经接受重组的债权人同比例支付债券本息。美国法院的这一判决会对主权债券违约处置法律制度产生重要影响，受此案鼓励，未来以秃鹫基金为代表的抵制重组债权人还会在主权债券违约诉讼领域继续保持活跃，不断通过创新诉讼策略来向违约债务国发起攻势，进而推动主权债券违约诉讼制度在未来出现实质性发展。

综上可以发现，主权债券违约处置法律制度的发展趋势无法一概而论，在主权债券违约处置法律尚不完善的背景下，各利益相关方都在根据自身利益并结合实际情况，对形成中的主权债券违约处置法律制度施加影响。

8.4 中国应对主权债券违约问题的策略

基于前文的讨论，对于主权债券违约问题。首先，中国应当从持有主权债券的债权人这一基本身份出发，注意跟踪主权债券市场通行合同条款的最新发展动向，寻求在制定和推广使用主权债券合同条款方面的话语权，在合同条款中加入对债权人利益的有效保护机制，特别是防止单分支集体行动条款为债务国滥用。其次，中国应积极参与国际社会有关建立主权债券重组法律规制方法的讨论，特别是注意联合国关于建立主权债务重组进程多边法律框架的最新进展。再次，中国应支持对主权债券违约诉讼进行调整规范，使其成为对主权债券重组制度的有益补充，共同应对处置主权债券违约问题。最后，中国在参与 IMF 改革进程中应当注重完善主权债券违约的国际官方救助制度，以便增强 IMF 救助机制的独立性和公正性。

参考文献

［1］韩龙：《国际金融法》，北京，法律出版社，2007。

［2］江时学：《金融全球化与发展中国家的经济安全——拉美国家的经验教训》，北京，社会科学文献出版社，2004。

［3］李昌麒：《中国改革发展成果分享法律机制研究》，北京，人民出版社，2011。

［4］李曙光：《转型法律学——市场经济的法律解释》，北京，中国政法大学出版社，2004。

［5］刘兆兴：《比较法学》，北京，中国政法大学出版社，2013。

［6］刘迎霜：《公司债：法理与制度》，北京，法律出版社，2008。

［7］米健：《比较法学导论》，北京，商务印书馆，2013。

［8］［阿根廷］罗德里格·奥利瓦雷斯－卡梅纳：《债权人视角下的主权债务重组法律问题研究》，郭华春译，北京，法律出版社，2013。

［9］史亚荣：《主权债务问题研究》，兰州，兰州大学出版社，2013。

［10］［奥］迈克·瓦博：《国际法视角下的主权债务违约》，郭华春译，北京，法律出版社，2013。

［11］王铁崖：《国际法》，北京，法律出版社，2005。

［12］王欣新：《破产法专题研究》，北京，法律出版社，2002。

［13］王泽鉴：《民法概要》，北京，北京大学出版社，2009。

［14］武振荣：《国债经济运行研究》，北京，经济科学出版社，2009。

［15］熊义明：《发达国家主权债务削减方式研究》，上海，上海人民出版社，2014。

［16］尹恒：《政府债务问题研究》，北京，北京师范大学出版社，2007。

［17］张虹：《主权债务重组法律问题研究》，北京，中国人民大学出版社，2007。

［18］张雷宝：《公债经济学——理论、政策、实践》，杭州，浙江大学出版社，2007。

［19］张徐：《中国政府主权外债风险管理研究》，北京，中国税务出版社，2010。

［20］敖希颖：《国际债权人的转机：平等条款的新解释》，载《法商研究》，2016（1）。

［21］曹莉、吴珊珊：《主权债务危机解决方案的国际机制》，载《中国金融》，2011（17）。

［22］曹宇：《债权的平等与优先——兼对债权平等理论的反思》，载《河北法学》，2012（10）。

［23］邓小华、王宝宝、李颖：《欧洲主权债务危机的原因、模式及启示》，载《经济问题探索》，2011（11）。

［24］郭华春：《主权债务债权人的"对价"能力机制分析——基于诉讼角度的观察》，载《法商研究》，2012（3）。

［25］郭华春：《主权债券权益保护之投资仲裁视阈》，载《上海金融》，2014（7）。

［26］郭田勇：《健全金融市场违约处置机制的政策建议》，载《中国金融家》，2014（7）。

［27］胡蓉：《从法和经济学视角看违约救济与风险分担》，载《大连

海事大学学报（社会科学版）》，2008（3）。

［28］黄韬：《国际货币基金组织主权债务重组机制设计的法律视角》，载《国际经济法学刊》，2009（2）。

［29］黄梅波、赵国君：《IMF 表决制度：发展中国家的地位及其改革策略》，载《广东社会科学》，2006（6）。

［30］洪艳蓉：《公司债券违约零容忍的法律救赎》，载《法学》，2013（12）。

［31］戴启秀：《欧债危机背景下欧盟区域治理的法律基础》，载《德国研究》，2012（3）。

［32］李皓：《主权债券违约诉讼研究》，载《法学杂志》，2016（2）。

［33］李仁真、张虹：《论国家债务重组的新方法》，载《河南社会科学》，2006（5）。

［34］李双元、曾炜：《国家破产——主权债务重组研究》，载《时代法学》，2003（1）。

［35］李亚玮：《从卡拉马祖案看国家行为原则的国际条约例外》，载《法制与社会》，2014（8）。

［36］李扬：《四议欧洲主权债务危机》，载《理论视野》，2010（7）。

［37］李永、王渭平、蔡叔燕：《阿根廷债务违约产生的原因、主要影响及其启示》，载《甘肃金融》，2014（9）。

［38］李月芬、Juan Pablo Bohoslavsky：《填补主权债务危机预防与重组的法律空白：联合国贸发会关于负责任主权融资的原则》，载《国际经济法学刊》，2012（4）。

［39］李志强：《国际经济新秩序构建中全球经济法的价值重塑》，载《甘肃社会科学》，2014（2）。

［40］刘爱文：《西方主权债务危机定性问题研究述评》，载《学习与实践》，2014（9）。

［41］刘音、薛林：《论 IMF 国家债务重组办法的改革思路》，载《学

术论坛》，2008（6）。

[42] 马宇、程道金：《主权债务危机影响因素的实证研究及启示——对新兴经济体与发达经济体的比较》，载《经济学家》，2014（8）。

[43] 任明艳：《国家行为原则评析》，载《法学》，2006（7）。

[44] 沈钛滔：《美国 DIP 融资制度史简论》，载《中国证券期货》，2011（4）。

[45] 孙新强：《破除债权平等原则的两种立法例之辨析——兼论优先权的性质》，载《现代法学》，2009（11）。

[46] 徐崇利：《利益平衡与对外资间接征收的认定及补偿》，载《环球法律评论》，2008（6）。

[47] 徐光东：《破产法——美国的经验与启示》，载《西南政法大学学报》，2008（5）。

[48] 解正山：《欧元区应对主权债务危机的法律框架："欧洲稳定机制"析论》，载《武大国际法评论》，2015（1）。

[49] 杨玲：《论国际商事仲裁裁决执行中的国家豁免》，载《当代法学》，2012（5）。

[50] 杨娇：《国家主权债券购买中不安抗辩权的研究》，载《商》，2012（15）。

[51] 张陈：《中国首例公司债违约原因及启示》，载《会计师》，2014（14）。

[52] 张虹：《债券交换中的"退出同意"策略——以国家债务重组为背景》，载《法学》，2006（11）。

[53] 张虹：《国际债务危机解决机制的改革与完善》，载《中国青年国际法学者暨博士生论坛论文集（国际经济法卷)》，2006。

[54] 张虹：《〈新兴市场稳定资本流动和公平债务重组的原则〉述评》，载《国际金融研究》，2006（9）。

[55] 钟伟、覃东海、肖云月：《国家破产的集体行动条款方案：理论架构及其进展》，载《国际金融研究》，2003（6）。

[56] 黄芳娜：《中国地方政府债务管理研究》，财政部财政科学研究

所博士论文, 2007。

　　[57] 李泽华:《国债法律制度研究》, 中国政法大学博士论文, 2011。

　　[58] 向东:《我国政府债券法律制度研究》, 中央民族大学博士论文, 2007。

　　[59] 张国武:《主权债务重组问题研究》, 西南财经大学博士论文, 2013。

　　[60] 张徐:《中国政府主权外债风险管理研究》, 财政部财政科学研究所博士论文, 2007。

　　[61] Robert Auray, *In Bonds We Trustee: A New Contractual Mechanism To Improve Sovereign Bond Restructurings*, 82 Fordham Law Review (2013).

　　[62] Michael Arghyrou and John Tsoukalas, *The Greek Debt Crisis: Likely Causes, Mechanics and Outcomes*, 34 the World Economy (2011).

　　[63] Emanuele Baldacci and Manmohan Kumar, *Fiscal Deficits, Public Debt, and Sovereign Bond Yields*, 184 IMF Working Paper (2010).

　　[64] Paul Bedford, *Resolving Sovereign Debt Crises: The Market Based Approach and the Role of the IMF*, Bank of England Financial Stability Review (2005).

　　[65] Patrick Bolton and David A. Skeel, *Time To Rethink Sovereign Bankruptcy: A New Role for the IMF?* Iniative for Ploicy Dialogue Working Paper Serise (2007).

　　[66] Ross P Buckley, *The Bankruptcy of Nations: Let the Law Reflect Reality*, 2009 – 20 Unsw Law Research Paper (2009).

　　[67] Ross P. Buckley, *Sovereign Debt Restructuring: Why are Developing Nations So Slow To Play the Default Card In Renegotiating Their Sovereign Indebtedness?* 6 Chicago Journal of International Law (2005).

　　[68] Lee C. Buchheit and G. Mitu Gulati, *Sovereign Bonds and the Collective Will*, 51 Emory Law Journal (2002).

　　[69] Stephen J. Choi, Mitu Gulati and Eric A. Posner, *The Evolution of*

Contractual Terms In Sovereign Bonds, 4 Journal of Legal Analysis (2012).

[70] Olivares Caminal, *Is There A Need for an International Insolvency Regime In the Context of Sovereign Debt? A Case for the Use of Corporate Debt Restructuring Techniques*, 24 Journal of International Banking Law (2009).

[71] Stephen Cecchetti, Mohanty Madhusudan and Fabrizio Zampolli, *The Future of Public Debt: Prospects and Implications*, 300 Bank for International Settlements Working Papers (2010).

[72] Karen H Cross, *Arbitration As a Means of Resolving Sovereign Debt Disputes*, 17 the American Review of International Arbitration (2006).

[73] Elizabeth H. Dahill, *As Greece Goes, So Goes the E. U.: Defending Europe With a Sovereign Debt Restructuring Framework*, Twelfth Annual International Insolvency Conference (21 June 2012).

[74] Udaibir S. Das, Michael G. Papaioannou and Christoph Trebesch, *Sovereign Debt Restructurings* 1950 – 2010: *Literature Survey, Data and Stylized Facts*, 12/203 IMF Working Paper (2012).

[75] Joy Dey, *Collective Action Clauses Sovereign Bondholders Cornered?* 15 Law and Business Review of the Americans (2009).

[76] Mechele Dickerson, *A Politically Viable Approach To Sovereign Debt Restructuring*, 53 Emory Law Journal (2004).

[77] John Drage and Catherine Hovaguimian, *Collective Action Clauses (CACs): An Analysis of Provisions Included In Recent Sovereign Bond Issues*, Bank of England Financial Stability Review (2004).

[78] Barry Eichengreen and Ashoka Mody, *Is Aggregation A Problem for Sovereign Debt Restructuring?* 93 American Economic Review (2003).

[79] Oonagh Fitzgerald, *The Pursuit of Global Rule of Law for Sovereign Debt Restructuring* (2015).

[80] Jill E. Fisch and Caroline M. Gentile, *Vultures or Vanguards? The Role of Litigation In Sovereign Debt Restructuring*, 53 Emory Law Journal (2004).

参考文献

〔81〕 Financial Markets Law Committee, *Sovereign Debt – Collective Action Clauses*, Fmlc Papers (2015).

〔82〕 Anna Gelpern, *Contract Hope and Sovereign Redemption*, 8 the Capital Markets Law Journal (2013).

〔83〕 Anna Gelpern, *Domestic Bonds, Credit Derivatives and the Next Transformation of Sovereign Debt*, 83 Chicago – Kent Law Review (2009).

〔84〕 Anna Gelpern and Mitu Gulati, *Public Symbol In Private Contract: A Case Study*, 128 Duke Law School Legal Studies Paper (2006).

〔85〕 Richard Gitlin, *A Proposal: Sovereign Debt Forum, Presentation At the U. N. Financing for Development Conference*, Monterrey Mexico (2002).

〔86〕 Francois Gianviti, Anne O. Krueger, Jean Pisani – Ferry, Andre Sapir and Jurgen Von Hagen, *A European Mechanism for Sovereign Debt Crisis Resolution: A Proposal*, 10 Bruegel Blueprint Series (2010).

〔87〕 James M. Hays II: *The Sovereign Debt Dilemma*, 75 Brooklyn Law Review (2010).

〔88〕 IMF, *Progress Report On Inclusion of Enhanced Contractual Provisions In International Sovereign Bond Contract* (2015).

〔89〕 IMF, *Strengthening the Contractual Framework to Address Collective Action Problems In Sovereign Debt Restructuring* (2014).

〔90〕 ICMA, *Standard Aggregated Collective Action Clauses for the Terms and Conditions of Sovereign Notes* (2014).

〔91〕 Erika Jorgensen and Jeffrey Sachs, Default and Renegotiation of Latin American Foreign Bonds In the Interwar Period (Barry Eichengreen and Peter H. Lindert eds. 1st ed. 1988).

〔92〕 Robert W. Kolb, Sovereign Debt: From Safety To Default, (1st ed. 2011).

〔93〕 Yuefen Li, Rodrigo Olivares – Caminal and Ugo Panizza, *Avoiding Avoidable Debt Crises: Lessons from Recent Defaults*, *in* Sovereign Debt and the Financial Crisis (Carlos Primo Braga and Gallina Vincelette ed. , 2011).

主
权
债
券
违
约
处
置
法
律
制
度
研
究

[94] Gregory Makoff and Robert Kahn, *Sovereign Bond Contract Reform Implementing the New ICMA Pari Passu and Collective Action Clauses*, 56 Cigi Papers (2015).

[95] Fuentes Miguel and Diego Saravia, *Sovereign Defaulters: Do International Capital Markets Punish Them?* 91 Journal of Development Economics (2010).

[96] Manasse Paolo and Nouriel Roubini, *Rules of Thumb for Sovereign Debt Crises*, 78 Journal of International Economics (2009).

[97] Bi Ran, Marcos Chamon and Jeromin Zettelmeyer, *The Problem That Wasn't Coordination Failures In Sovereign Debt Restructurings*, 11/265 IMF Working Paper (2010).

[98] Alexis Rieffel, Restructuring Sovereign Debt: the Case for AD HOC Machinery (1st ed. 2003).

[99] Federico Sturzenegger and Jeromin Zetterlmeyer, Debt Defaults and Lessons From A Decade of Crises (1st ed. 2007).

[100] Tim R Samples, *Rogue Trends In Sovereign Debt: Argentina, Vulture Funds, and Pari Passu Under New York Law*, 35 Northwestern Journal of International Law and Business (2014).

[101] Steven L. Schwarcz, *"Idiot's Guide" To Sovereign Debt Restructuring*, 53 Emory Law Journal (2004).

[102] Steven L. Schwarcz, *The Use and Abuse of Special – Purpose Entities In Public Finance*, 97 Minnesota Law Review (2012).

[103] Steven L. Schwarcz, *Sovereign Debt Restructuring: A Bankruptcy Reorganization Approach*, 85 Cornell Law Review (2000).

[104] Hals. Scott, *A Bankruptcy Procedures for Sovereign Debtors*, 37 the International Lawyer (2003).

[105] David A. Skeel, *States of Bankruptcy*, 79 University of Chicago Law Review (2012).

[106] David A. Skeel, *Can Majority Voting Provisions Do It All?* 52 Em-

ory Law Journal (2003).

[107] Lucio Simpsom, *The Role of the IMF In Debt Restructurings*, 40 G – 24 Discussion Paper Series (2006).

[108] Michael Waibel, Sovereign Defaults Before International Courts and Tribunals (1ˢᵗ ed. 2011).

[109] Michael Waibel, *Opening Pandora's Box: Sovereign Bonds In International Arbitration*, 101 American Journal of International Law (2007).

[110] Christopher C. Wheeler and Amir Attaran, *Declawing the Vulture Funds: Rehabilitation of a Comity Defense In Sovereign Debt Litigation*, Stanford Journal of International Law (2003).

[111] Jeromin Zettelmeyer, Christoph Trebesch and Mitu Gulati, *The Greek Debt Restructuring: An Autopsy*, 13 – 8 Peterson Institute for International Economics Working Paper Series (2013).

[112] 联合国，www. un. org。

[113] 国际货币基金组织，www. imf. org。

[114] 欧盟，http：//europa. eu/。

[115] 美国最高法院，www. supremecourt. gov。

[116] 美国证券交易委员会，www. sec. gov。

[117] 加拿大国际治理创新中心，www. cigionline. org。

[118] 英格兰银行，www. bankofengland. co. uk。

[119] 英国金融市场法律委员会，www. fmlc. org。

[120] 英国广播公司，www. bbc. com。

[121] 英国金融时报，www. ft. com。

[122] 布鲁金斯学会，www. brookings. edu。

[123] 国际资本市场协会，www. icmagroup. org。

[124] 中国银行间市场交易商协会，www. nafmii. org. cn。